Langenscheidt
Universal-Sprachführer

Polnisch

Die wichtigsten Sätze plus Reisewörterbuch

Langenscheidt

Abkürzungen

adj	Adjektiv
adv	Adverb
f, ♀	weiblich
m, ♂	männlich
pl	Plural

Bildnachweis

Cover: Getty Images/Hans-Peter Merten
S. 10: Getty Images/mapodile
S. 28: Getty Images/ewg3D
S. 62: Getty Images/ewg3D
S. 80: Getty Images/ewg3D
S. 110: Getty Images/Paolo Carnassale
S. 142: Getty Images/Oleh_Slobodeniuk
S. 176: Shutterstock/Brzostowska
S. 206: Getty Images/fotorince

Gestaltungskonzept von Farnschläder & Mahlstedt, Hamburg
Covergestaltung von KW43 BRANDDESIGN, Düsseldor

Satz: zweiband.media, Berlin
Druck und Bindung: C. H. Beck, Nördlingen
ISBN 978-3-12-514487-3
www.langenscheidt.com

Inhalt

Aktivitäten 142

Gut zu wissen 176

Reisewörterbuch 206

Um Ihnen eine Hilfe bei der Aussprache des Polnischen zu geben, haben wir alle Wörter und Sätze zusätzlich in einer vereinfachten Lautschrift wiedergegeben. Beachten Sie dabei folgende Besonderheiten:

Im Polnischen werden die Vokale kurz und offen ausgesprochen. Doppelvokale werden immer getrennt gesprochen. In der Lautschrift wird das mit einem Gedankenstrich wiedergegeben, z. B. z Austrii sáußtri-i aus Österreich.

Der Gedankenstrich bei Doppelkonsonanten zeigt Ihnen, dass der Konsonant besonders lang gesprochen wird: inni pokój in-ni pókuj ein anderes Zimmer.

Fast alle Konsonanten können neben der normalen Aussprache noch weich ausgesprochen werden. Bei einigen Konsonanten wird dies mit einem Akzent oder Punkt über dem Buchstaben gekennzeichnet: ć, ń, ś, ź, ż. Tritt ein Konsonant vor einem -i auf (ci, ni, si, zi), wird er ebenfalls weich und mit einem kurzen j nach dem Konsonanten gesprochen: ciemno tschjémno dunkel.

Die Betonung liegt im Polnischen meist auf der vorletzten Silbe. In der Lautschrift wird sie durch einen Akzent auf dem betonten Vokal angezeigt.

Text	Laut-schrift	Aussprache	Beispiel
ą	on/om o	nasales *o* wie das *on* in Bonbon am Wortende *o*	mąż monsch Ehemann z nią snio mit ihr
c	tz	wie das *z* in Ziege	córka tzúrka Tochter
ch	ch	wie das *ch* in Bauch	chleb chlep Brot
ci	tsch	weiches *tsch*	ćma tschma Nachtfalter
ć	tschj	weiches *tsch* plus *i*	ciemno tschjémno dunkel
cz	tsch	wie das *tsch* in Klatsch	czapka tschápka Mütze
drz	dsch	wie das *j* in Job	drzwi dschwi Tür
dz	ds	*d* mit einem stimm-haften *s*	rodzeństwo rodsénßtfo Geschwister
dzi	dschj	weiches *dsch*	dziadek dschjádek Opa

Text	Laut-schrift	Aussprache	Beispiel
dź	dsch	weiches *dsch*	dźwig dschwik Kran
dż	dsch	wie das *j* in Job	dżudo dschúdo Judo
ę	en/ em e	nasales *e* wie das *in* in Cousin am Wortende *e*	ręka rénka Hand proszę prósche bitte
ł	w u	*w* nach Konsonant nach Vokal *u*	pływać pwíwatsch schwimmen kanał kánau Kanal
ni	nj	wie das weiche *gn* in Kognak	niebo njébo Himmel
ń	n	wie das weiche *gn* in Kognak	dzień dschjen Tag
ó	u	wie das *u* in tun	zawód sáwut Beruf
rz	sch	wie das *j* in Journal	burza búscha Sturm
s	ß	stimmloses *s* wie in heißen	syn ßin Sohn

Text	Laut-schrift	Aussprache	Beispiel
sz	sch	wie das *sch* in Schule	szkoła schkówa Schule
si	schj	weiches *sch*	siatka schjátka Netz
ś	sch	weiches *sch*	ślad schlat Spur
y	i	wie das *i* in hin	warzywo waschíwo Gemüse
z	s sch	stimmhaftes *s* wie in so vor *i* wie das *j* in Journal	koza kósa Ziege zima schíma Winter
ź	sch	wie das *j* in Journal	źle schle schlecht
ż	sch	wie das *j* in Journal	żaba schába Frosch

Ins Gespräch kommen

Verständigung

Spricht hier jemand Deutsch?	Czy mówi tu ktoś po niemiecku? tschi múwi tu ktosch po njemjétzku?
Haben Sie verstanden?	♂ Zrozumiał pan / ♀ Zrozumiała pani? ♂ srosúmjau pan / ♀ srosumjáwa páni?
Ich habe verstanden.	♂ Zrozumiałem / ♀ Zrozumiałam. ♂ srosumjáwem / ♀ srosumjáwam.
Ich habe das nicht verstanden.	Nie ♂ zrozumiałem / ♀ zrozumiałam tego. nje ♂ srosumjáwem / ♀ srosumjáwam tégo.
Sprechen Sie bitte etwas langsamer.	Proszę mówić trochę wolniej. prósche múwitsch tróche wólnjej.
Könnten Sie das bitte wiederholen?	Czy ♂ mógłby pan / ♀ mogłaby pani proszę to powtórzyć? tschi ♂ múgbi pan / ♀ mógwabi páni prósche to poftúschitsch?

Was bedeutet ...?	Co znaczy ...? tzo snátschi ...?
Könnten Sie es mir bitte aufschreiben?	Czy ♂ mógłby pan / ♀ mogłaby pani mi to napisać? tschi ♂ múgbi pan / ♀ mógwabi páni mi to napíßatsch?

Begrüßung

Hallo!	Halo! hálo!
Guten Tag!	Dzień dobry! dschjen dóbri!
Guten Abend!	Dobry wieczór! dóbri wjétschur!
Gute Nacht!	Dobranoc! dobránotz!
Wie geht's?	Co słychać? tzo ßwíchatsch?
Wie geht es Ihnen?	Jak się ♂ panu / ♀ pani powodzi? jak schje ♂ pánu / ♀ páni powódschi?

Info Im Polnischen wird in der höflichen Anrede nicht das Pronomen *Sie* verwendet. Statt dessen sagen Sie, wenn Sie mehrere Personen ansprechen, państwo pánstfo (Herrschaften). Sprechen Sie nur eine Person an, lautet die Anrede je nach Geschlecht dieser Person pan pan (Herr) oder pani páni (Frau).

Danke, gut.	Dobrze, dziękuję. dóbsche, dschjenkúje.
Danke, gut. Und Ihnen?	Dziękuję, dobrze. A ♂ panu / ♀ pani? dschjenkúje, dóbsche. a ♂ pánu / ♀ páni?
Tschüs!	Cześć! tschéschtsch!
Auf Wiedersehen!	Do widzenia! do widsénja!
Schönen Tag noch!	Miłego dnia! miwégo dnja!
Bis morgen!	Do jutra! do jútra!
Bis bald!	Na razie! na ráschje!

Sich kennenlernen

Sich bekannt machen

Wie heißen Sie?	Jak się pan(i ♀) nazywa? jak schje pán(i ♀) nasíwa?
Ich heiße ...	Nazywam się ... nasíwam schje ...
Woher kommen Sie?	Skąd pan(i ♀) jest? ßkont pán(i ♀) jeßt?

Ich komme aus ►	**Jestem ►** jéßtem ►
► Deutschland.	**► z Niemiec.** snjémjetz.
► Österreich.	**► z Austrii.** sáußtri-i.
► der Schweiz.	**► ze Szwajcarii.** se schwajtzári-i.
Wie alt sind Sie?	**Ile pan(i ♀) ma lat?** íle pán(i ♀) ma lat?
Ich bin ... Jahre alt.	**Mam ... lat.** mam ... lat.
Sind Sie verheiratet?	**Jest ♂ pan żonaty / ♀ pani zamężna?** jeßt ♂ pan schonáti / ♀ páni saménschna?
Ich bin ►	**Jestem ►** jéßtem ►
► ledig.	**► ♂ nieżonaty / ♀ niezamężna.** ♂ njeschonáti / ♀ njesaménschna.
► verheiratet.	**► ♂ żonaty / ♀ zamężna.** ♂ schonáti / ♀ saménschna.
► geschieden.	**► ♂ rozwiedziony / ♀ rozwiedziona.** ♂ roswjedschjóni / ♀ roswjedschjóna.
Haben Sie Kinder?	**Czy pan(i ♀) ma dzieci?** tschi pán(i ♀) ma dschjétschi?

Sich verabreden

Treffen wir uns ►	Spotkamy się ► ßpotkámi schje ►
► heute Abend?	► dzisiaj wieczorem? dschíschjaj wjetschórem?
► morgen?	► jutro? jútro?
Wann treffen wir uns?	Kiedy się spotkamy? kjédi schje ßpotkámi?
Wo treffen wir uns?	Gdzie się spotkamy? gdschje schje ßpotkámi?
Wie ist Ihre ►	Jaki jest ♂ pana / ♀ pani ► jáki jeßt ♂ pána / ♀ páni ►
► Handynummer?	► numer telefonu komórkowego? númer telefónu komurkowégo?
► E-Mail-Adresse?	► adres poczty elektronicznej? adréß pótschti elektronítschnej?
Treffen wir uns doch um ... Uhr.	Spotkajmy się o godzinie ... ßpotkájmi schje o godschínje ...

Ich hole Sie um ... Uhr ab.	Przyjdę po ♂ pana / ♀ panią o godzinie ... pschíjde po ♂ pána / ♀ pánjo o godschínje ...
Ich bringe Sie nach Hause.	Odprowadzę ♂ pana / ♀ panią do domu. otprowádse ♂ pána / ♀ pánjo do dómu.
Es tut mir leid, aber ich muss jetzt gehen.	Przykro mi, ale muszę teraz iść. pschíkro mi, ále músche téraß ischtsch.
Vielen Dank für den netten ▸	Dziękuję bardzo za miły ▸ dschjenkúje bárdso sa míwi ▸
▸ Abend.	▸ wieczór. wjétschur.
▸ Tag.	▸ dzień. dschjen.
Sehen wir uns noch einmal?	Zobaczymy się jeszcze raz? sobatschími schje jéschtsche ras?
Sehr gerne.	Bardzo chętnie. bárdso chéntnje.
Vielleicht.	Może. mósche.
Es tut mir leid, aber ich kann nicht.	Przykro mi, ale nie mogę. pschíkro mi, ále nje móge.

Flirten

Sind Sie alleine hier?	**Jest ♂ pan sam / ♀ pani sama tutaj?** jeßt ♂ pan ßam / ♀ páni ßáma tútaj?
Ich warte auf jemanden.	**Czekam na kogoś.** tschékam na kógosch.
Lassen Sie mich in Ruhe!	**Niech pan(i ♀) mnie zostawi w spokoju!** njech pán(i ♀) mnje soßtáwi fßpokóju!
Du gefällst mir sehr.	**Bardzo mi się podobasz.** bárdso mi schje podóbasch.
Kommst du mit zu mir?	**Przyjdziesz do mnie?** pschíjdschjesch do mnje?
Ich mag dich.	**Lubię cię.** lúbje tschje.
Ich liebe dich.	**Kocham cię.** kócham tschje.
Ich möchte mit dir schlafen.	**♂ Chciałbym / ♀ Chciałabym się z tobą przespać.** ♂chtscháubim/♀chtscháwabim schje ßtóbo pschéßpatsch.
Aber nur mit Kondom.	**Ale tylko z prezerwatywą,** ále tílko ßpreserwatíwom.

Weitere Wörter

Adresse	**adres** ádreß
Beruf	**zawód** sáwut
bitte	**proszę** prósche
Bruder	**brat** brat
danke	**dziękuję** dschjenkúje
einladen	**zaprosić** sapróschitsch
erfreut	**ucieszony** utschjeschóni
essen gehen	**pójść do restauracji** pujschtsch do reßtaurátzji
Frau (Anrede)	**pani** páni
Frau (Ehefrau)	**żona** schóna
Freund (allg.)	**przyjaciel** pschijátschjel
Freund (Partner)	**chłopak** chwópak
Freundin (allg.)	**przyjaciółka** pschijatschjúwka
Freundin (Partnerin)	**dziewczyna** dschjeftschína
Geschwister	**rodzeństwo** rodsénßtfo
Herr (Anrede)	**pan** pan
Junge	**chłopiec** chwópjetz
kennenlernen	**poznać** pósnatsch
Kind	**dziecko** dschjétzko
kommen aus	**pochodzić z** pochódschitsch s
Kondom	**prezerwatywa** preserwatíwa
Land	**kraj** kraj
Mädchen	**dziewczyna** dschjeftschína
Mann (Ehemann)	**mąż** monsch
Mutter	**matka** mátka

Partner	partner pártner
Partnerin	partnerka pártnerka
Schule	szkoła schkówa
Schwester	siostra schjóßtra
sich treffen	spotkać się ßpótkatsch schje
sich verabreden	umówić się umúwitsch schje
Sohn	syn ßin
sprechen	mówić múwitsch
Stadt	miasto mjáßto
Student	student ßtúdent
Studentin	studentka ßtudéntka
studieren	studiować ßtudjówatsch
tanzen gehen	iść potańczyć ischtsch potántschitsch
Tochter	córka tzúrka
Urlaub	urlop úrlop
Vater	ojciec ójtschjetz
verheiratet	♂ żonaty / ♀ mężatka ♂ schonáti / ♀ menschátka
Verlobte	narzeczona naschetschóna
Verlobter	narzeczony naschetschóni
verstehen	rozumieć rosúmjetsch
warten	czekać tschékatsch
wenig	mało máwo
wiederholen	powtórzyć poftúschitsch
wiederkommen	powrócić powrútschitsch
wiedersehen	znowu się zobaczyć snówu schje sobátschitsch

Zeitangaben

Wie spät ist es?	**Która jest godzina?** ktúra jest godschína?
Es ist zwölf Uhr ►	**Jest dwunasta ►** jeßt dwunáßta ►
► mittags.	**► w południe.** fpowúdnje.
► nachts.	**► w nocy.** wnótzi.
Es ist zwei Uhr.	**Jest druga.** jeßt drúga.
Es ist fünf nach vier.	**Jest pięć po czwartej.** jeßt pjentsch po tschfártej.
Es ist Viertel nach fünf.	**Jest kwadrans po piątej.** jeßt kfádranß po pjóntej.
Es ist halb sieben.	**Jest wpół do siódmej.** jeßt fpuw do schjúdmej.
Es ist fünf nach halb vier.	**Jest za dwadzieścia-pięć czwarta.** jeßt sa dwadschjéschtscha-pjentsch tschfárta.
Es ist Viertel vor neun.	**Jest za piętnaście dziewiąta.** jeßt sa pjentnáschtschje dschjewjónta.

Es ist ein Uhr.	Jest pierwsza. jeßt pjérfscha.
Es ist zehn vor acht.	Jest dziesięć przed ósmą. jeßt dschjéschjentsch pschet úßmo.
Um wie viel Uhr?	O której godzinie? o ktúrej godschínje?
Um zehn Uhr.	O dziesiątej. o dschjeschjóntej.
Bis elf Uhr.	Do jedenastej. do jedenáßtej.
Zwischen zehn und zwölf Uhr.	Między dziesiątą a dwunastą. mjéndsi dschjeschjónto a dwunáßto.
In einer halben Stunde.	Za pół godziny. sa puw godschíni.
Den Wievielten haben wir heute?	Który jest dzisiaj? ktúri jeßt dschíschjaj?
Heute ist der 2. Juli.	Dzisiaj jest drugiego lipca. dschíschjaj jeßt drúgjégo líptza.
Wir reisen am 20. August ab.	Odjeżdżamy dwudziestego sierpnia. odjeschdschámi dwudschjeßtégo schjérpnja.

Wochentage

Montag	poniedziałek ponjedschjáwek
Dienstag	wtorek ftórek
Mittwoch	środa schróda
Donnerstag	czwartek tschfártek
Freitag	piątek pjóntek
Samstag	sobota ßobóta
Sonntag	niedziela njedschjéla

Monate

Januar	styczeń ßtítschen
Februar	luty lúti
März	marzec máschetz
April	kwiecień kfjétschjen
Mai	maj maj
Juni	czerwiec tschérwjetz
Juli	lipiec lípjetz
August	sierpień schjérpjen
September	wrzesień wschéschjen
Oktober	październik paschdschjérnik
November	listopad lißtópat
Dezember	grudzień grúdschjen

Weitere Wörter

Abend .... **wieczór** wjétschur
abends .... **wieczorem** wjetschórem
bald .... **wkrótce** fkrút-tze
früh .... **wcześnie** ftschéschnje
Frühling .... **wiosna** wjóßna
gestern .... **wczoraj** ftschóraj
halbe Stunde .... **pół godziny** puw godschíni
Herbst .... **jesień** jéschjen
heute .... **dzisiaj** dschíschjaj
heute Abend .... **dzisiaj wieczorem** dschíschjaj wjetschórem
heute Morgen .... **dzisiaj rano** dschíschjaj ráno
heute Nachmittag .... **dzisiaj po południu** dschíschjaj po powúdnju
Jahr .... **rok** rok
jetzt .... **teraz** téraß
manchmal .... **niekiedy** njekjédi
Minute .... **minuta** minúta
mittags .... **w południe** fpowúdnje
Monat .... **miesiąc** mjéschjontz
morgen .... **jutro** jútro
morgens .... **rano** ráno
Nachmittag .... **popołudnie** popowúdnje
am Nachmittag .... **po południu** po powúdnju
nächstes Jahr .... **w następnym roku** wnaßtémpnim róku

Nacht	noc notz
Sekunde	sekunda ßekúnda
Sommer	lato láto
spät	późno púschno
später	później púschnjej
Stunde	godzina godschína
Tag	dzień dschjen
übermorgen	pojutrze pojútsche
Viertelstunde	kwadrans kfádranß
Vormittag	przedpołudnie pschetpowúdnje
Winter	zima schíma
Woche	tydzień tídschjen
Zeit	czas tschaß

Wetter

Wie wird das Wetter ►	Jaka będzie ► pogoda? jáka béndschje ► pogóda?
► heute?	► dzisiaj dschíschjaj
► morgen?	► jutro jútro
Es wird ►	Będzie ► béndschje ►
► schön.	► ładnie. wádnje.
► schlecht.	► brzydko. bschítko.
► warm.	► ciepło. tschjépwo.
► heiß.	► gorąco. gorόntzo.
► kalt.	► zimno. schímno.

Es wird Regen geben.	Będzie padać deszcz.	béndschje pádatsch deschtsch.
Es regnet.	Pada deszcz.	páda deschtsch.
Es schneit.	Pada śnieg.	páda schnjek.
Wie viel Grad haben wir?	Ile jest stopni?	íle jeßt ßtópni?
Es sind ... Grad (unter null).	Jest ... stopni (poniżej zera).	jeßt ... ßtópni (ponísc͜hej séra).

Weitere Wörter

bewölkt	pochmurnie	pochmúrnje
Blitz	błyskawica	bwißkawítza
Donner	grzmot	gsc͜hmot
feucht	wilgotno	wilgótno
frieren	marznąć	mársnontsch
es friert	jest mroźno	jeßt mrósc͜hno
Frost	mróz	mruß
Glatteis	gołoledź	gowóledsch
Grad	stopień	ßtópjen
Hagel	grad	grad
heiter	pogodnie	pogódnje
Hitze	upał	úpau
Klima	klimat	klímat

kühl	chłodno chwódno
Luft	powietrze powjétsche
Luftdruck	ciśnienie powietrza tschischnjénje powjétscha
Mond	księżyc kschjénschitz
nass	mokro mókro
Nebel	mgła mgwa
Niederschläge	opady opádi
Regenschauer	przelotne opady pschelótne opádi
regnerisch	deszczowo deschtschówo
Schnee	śnieg schnjeg
Sonne	słońce swóntze
Sonnenaufgang	wschód słońca fßchut ßwóntza
Sonnenuntergang	zachód słońca sáchut ßwóntza
sonnig	słonecznie ßwonétschnje
Stern	gwiazda gwjásda
Sturm	sztorm schtorm
tauen	topnieć tópnjetsch
es taut	jest odwilż jeßt ódwilsch
Temperatur	temperatura temperatúra
trocken	sucho ßúcho
Unwetter	niepogoda njepogóda
wechselhaft	zmiennie smjén-nje
Wind	wiatr wjatr
Wolke	chmura chmúra

Unterwegs

Ein- und Ausreise

Das könnten Sie hören:

♂ Pana / ♀ Pani paszport, poproszę.
♂ pána / ♀ páni páschport, poprósche.
Ihren Pass, bitte.

♂ Pana / ♀ Pani dowód osobisty, poproszę.
♂ pána / ♀ páni dówut oßobíßti, poprósche.
Ihren Personalausweis, bitte.

Czy ma pan(i ♀) coś do oclenia?
tschi ma pán(i ♀) tzosch do otzlénja?
Haben Sie etwas zu verzollen?

To musi pan(i ♀) oclić.
to múschi pán(i ♀) otzlítsch.
Das müssen Sie verzollen.

Proszę otworzyć bagażnik.
prósche otfóschitsch bagáschnik.
Öffnen Sie bitte den Kofferraum.

Proszę otworzyć walizkę.
prósche otfóschitsch walíßke.
Öffnen Sie bitte den Koffer.

Weitere Wörter

Ausweis	**dowód** dówut
Fahrzeugpapiere	**dokumenty pojazdu** dokuménti pojásdu
Familienname	**nazwisko** naswíßko
Führerschein	**prawo jazdy** práwo jásdi
Grenze	**granica** granítza
grüne Versicherungskarte	**zielona karta** schjelóna kárta
gültig	**ważny** wáschni
internationaler Führerschein	**międzynarodowe prawo jazdy** mjendsinarodówe práwo jásdi
Mehrwertsteuer	**podatek VAT** podátek wat
Papiere	**dokumenty** dokuménti
Pass	**paszport** páschport
Personalausweis	**dowód osobisty** dówut oßobíßti
Quittung	**pokwitowanie** pokfitowánje
Rechnung	**rachunek** rachúnek
Reisegruppe	**grupa wycieczkowa** grúpa witschjetschkówa
Staatsangehörigkeit	**obywatelstwo** obiwatélßtfo
ungültig	**nieważny** njewáschni
Unterschrift	**podpis** pótpiß
verzollen	**oclić** otzlítsch
Wohnort	**miejsce zamieszkania** mjéjßtze samjeschkánja

Fragen nach dem Weg

Entschuldigung, wo ist …?	Przepraszam, gdzie jest …? pschepráscham, gdschje jeßt …?
Wie komme ich nach …?	Jak dostanę się do …? jak doßtáne schje do …?
Wie komme ich zu …?	Jak dostanę się do …? jak doßtáne schje do …?
Können Sie mir das auf der Karte zeigen?	Czy może mi pan(i ♀) pokazać to na mapie? tschi mósche mi pán(i ♀) pokásatsch to na mápje?
Wie viele Minuten sind es mit dem Auto?	Ile minut zajmuje dojazd samochodem? íle mínut sajmúje dójaßt ßamochódem?
Wie viele Minuten sind es zu Fuß?	Ile minut piechotą? íle mínut pjechóto?
Wie weit ist es?	Jak to daleko? jak to daléko?
Ist das die Straße nach …?	Czy to droga do …? tschi to dróga do …?
Wie komme ich zur Autobahn nach …?	Jak dojadę do autostrady do …? jak dojáde do autoßtrádi do …?

Das könnten Sie hören:

Przykro mi, tego nie wiem.
pschíkro mi, tégo nje wjem.
Tut mir leid, das weiß ich nicht.

Pierwsza ulica na lewo.
pjérfscha ulítza na léwo.
Die erste Straße links.

Pierwsza ulica na prawo.
pjérfscha ulítza na práwo.
Die erste Straße rechts.

Druga ulica na lewo.
drúga ulítza na léwo.
Die zweite Straße links.

Na następnych światłach ...
na naßtémpnich schfjátwach ...
An der nächsten Ampel ...

Na następnym skrzyżowaniu ...
na naßtémpnim ßkschischowánju ...
An der nächsten Kreuzung ...

Potem niech pan(i ♀) jeszcze raz zapyta.
pótem njech pán(i ♀) jéschtsche ras sapíta.
Dann fragen Sie noch einmal.

Orts- und Richtungsangaben

blisko przy	nahe bei
dosyć daleko	ziemlich weit
lewo	links
na przeciwko	gegenüber
niedaleko	nicht weit
obok	neben
prawo	rechts
prosto	geradeaus
przed	vor
schodami do góry	die Treppe hinauf
schodami na dół	die Treppe hinunter
skrzyżowanie	Kreuzung
światła (sygnalizacyjne)	Ampel
tam	dort
tam z tyłu	dort hinten
tutaj	hier
tutaj wzdłuż	hier entlang
ulica	Straße
w lewo	nach links
w prawo	nach rechts
z powrotem	zurück
za	hinter
zakręt	Kurve

Flugzeug

Können Sie mir am Check-in-Automaten helfen?	**Czy może mi pan(i ♀) pomóc przy automacie do odpraw?** tschi mósche mi pán(i ♀) pómutz pschi automátschje do ótpraf?
Ich hätte gern einen ▸	**♂ Chciałbym / ♀ Chciałabym miejsce przy ▸** ♂ chtscháubim / ♀ chtscháwabim mjéjßtze pschi ▸
▸ Fensterplatz.	▸ **oknie.** óknje.
▸ Platz am Gang.	▸ **przejściu.** pschéjschtschju.
Kann ich das als Handgepäck mitnehmen?	**Czy mogę zabrać to jako bagaż podręczny?** tschi moge sábratsch to jáko bágasch potréntschni?
Ich möchte meinen Flug ▸	**♂ Chciałbym / ♀ Chciałabym mój lot ▸** ♂ chtscháubim / ♀ chtscháwabim muj lot ▸
▸ stornieren.	▸ **anulować.** anulówatsch.
▸ umbuchen.	▸ **przełożyć na inny termin.** pschewóschitsch na ín-ni términ.

Mein Gepäck ist (noch) nicht angekommen.	Mój bagaż (jeszcze) nie przybył. muj bágasch (jéschtsche) nje pschíbiw.
Mein Koffer ist beschädigt worden.	Moja walizka została uszkodzona. mója walíßka soßtáwa uschkodsóna.
An wen kann ich mich wenden?	Do kogo mogę się zwrócić? do kógo móge schje swrútschitsch?

Weitere Wörter

Abflug	odlot ódlot
Ankunft	przylot pschílot
Anschlussflug	dalszy lot dálschi lot
Ausgang	wyjście wíjschtschje
Bordkarte	karta pokładowa kárta pokwadówa
elektronisches Ticket	bilet elektroniczny bílet elektronítschni
Flughafen	lotnisko lotníßko
Flughafenbus	autobus lotniskowy autóbuß lotnißkówy
Flugzeug	samolot ßamólot
Gepäck	bagaż bágasch

Gepäckannahme	**przyjmowanie bagażu** pschijmowánje bagáschu
Gepäckausgabe	**wydawanie bagażu** widawánje bagáschu
Gepäckschein	**kwit bagażowy** kfit bagaschówi
Handgepäck	**bagaż podręczny** bágasch potréntschni
Kinder-sicherheitsgurt	**pas bezpieczeństwa dla dzieci** paß beßpjetschénßtwa dla dschjétschi
Koffer	**walizka** walíßka
Landung	**lądowanie** londowánje
Reisetasche	**torba podróżna** tórba podrúschna
Rollkoffer	**walizka na kółkach** walíßka na kúwkach
Rückflug	**lot powrotny** lot powrótni
Rucksack	**plecak** plétzak
Schalter	**okienko** okjénko
Spucktüte	**woreczek nylonowy** worétschek nilonówi
Tasche	**torba** tórba
Ticket	**bilet** bílet
Übergepäck	**nadbagaż** nadbágasch
Verspätung	**spóźnienie** ßpuschnjénje

Auto, Motorrad

Vermietung

Ich möchte ▸ mieten.	♂ Chciałbym / ♀ Chciałabym wypożyczyć ▸ ♂ chtscháubim / ♀ chtscháwabim wiposchítschitsch ▸
▸ ein Auto (mit Automatik)	▸ samochód (z automatyczną skrzynią biegów). ßamóchut (sautomatítschno ßkschínjo bjéguf).
▸ ein Elektroauto	▸ samochód z napędem elektrycznym ßamochód snapentem elektrítschnim
▸ ein Motorrad	▸ motocykl. motótzikl.
▸ ein Wohnmobil	▸ samochód kempingowy. ßamóchut kempingówi.
Ich möchte es für ▸ mieten.	♂ Chciałbym / ♀ Chciałabym to wypożyczyć na ▸ ♂ chtscháubim / ♀ chtscháwabim to wiposchítschitsch na ▸
▸ morgen	▸ jutro. jútro.
▸ einen Tag	▸ jeden dzień. jéden dschjen.
▸ eine Woche	▸ tydzień. tídschjen.
Ich hätte gern einen Wagen mit Navi.	Poproszę samochód z nawigacją. poprósche ßamóchut s nawigátsjo.

Wie viel kostet das?	**Ile to kosztuje?** íle to koschtúje?
Wie viele Kilometer sind im Preis enthalten?	**Ile kilometrów jest zawartych w cenie?** íle kilométruf jeßt sawártich ftzénje?
Was muss ich tanken?	**Jaką mam tankować benzyne?** Jako mam tankówatsch bensíne?
Ist eine Vollkaskoversicherung eingeschlossen?	**Czy pełne ubezpieczenie casco jest wliczone w cenę?** tschi péwne ubeßpjetschénje káßko jeßt wlitschóne ftzéne?
Kann ich das Auto auch in ... abgeben?	**Czy mogę oddać samochód również w ...?** tschi móge ód-datsch ßamóchut rúwnjesch w ...?
Bis wann muss ich zurück sein?	**Do kiedy mam być z powrotem?** do kjédi mam bitsch ßpowrótem?
Haben Sie einen Kinderautositz?	**Czy ma pan(i ♀) fotelik samochodowy dla dziecka?** tschi ma pán(i ♀) fotélik ßamochodówi dla dschjétzka?

Tankstelle

Wo ist die nächste Tankstelle/E-Ladestation?

Gdzie jest najbliższa stacja benzynowa/stacja ładująca? gdschje jeßt najblísch-scha ßtátzja bensinówa/ßtátzja wadujontza?

Wie weit ist es zur nächsten Tankstelle?

Jak daleko jest do najbliższej stacji benzynowej? jak daléko jest do najblísch-schej ßtátzji bensinówej?

Info Die meisten Tankstellen in Großstädten und an Hauptverkehrsstraßen sind rund um die Uhr geöffnet. An den Tankstellen in Polen erhalten Sie: bleifreies Super (Euro 95 und Euro Plus 98, entsprechend dem deutschen Super 95 und Super Plus 98), bleifreies Benzin (U 95 Oktan) und Diesel (ON).

Bitte volltanken.

Proszę do pełna. prósche do péwna.

Bitte für ... Zloty ►

Poproszę za ... złoty ► poprósche sa ... swóti ►

► Benzin bleifrei.

► bezołowiowej. besowowjówej.

► Super bleifrei.

► bezołowiowej super. besowowjówej ßúper.

► Diesel.

► ropy. rópi.

Unfall

Rufen Sie bitte schnell ▸	**Proszę szybko wezwać ▸** prósche schípko wéswatsch ▸
▸ einen Krankenwagen!	**▸ pogotowie!** pogotówje!
▸ die Polizei!	**▸ policję!** polítzje!
▸ die Feuerwehr!	**▸ straż pożarną!** ßtrasch poschárno!
Es ist ein Unfall passiert! ▸ *Notruf*, S. 178	**Wydarzył się wypadek!** widáschiw schje wipádek!
... Personen sind (schwer) verletzt.	**... osoby są (ciężko) ranne.** ... oßóbi ßo (tschjénschko) rán-ne.
Bitte helfen Sie mir.	**Proszę mi pomóc.** prósche mi pómutz.
Ich brauche Verbandszeug.	**Potrzebny mi jest materiał opatrunkowy.** potschébni mi jeßt matériau opatrunkówi.
Es ist nicht meine Schuld.	**To nie jest moja wina.** to nje jeßt mója wína.
Sie sind zu schnell gefahren.	**♂ Pan jechał / ♀ Pani jechała za szybko.** ♂ pan jéchau / ♀ páni jecháwa sa schípko.

Ich hatte Vorfahrt.	♂ Miałem / ♀ Miałam pierwszeństwo przejazdu. ♂ míawem / ♀ míawam pjerfschénßtfo pschejásdu.
Sie sind zu dicht aufgefahren.	♂ Podjechał pan / ♀ Podjechała pani za blisko. ♂ podjéchau pan / ♀ podjecháwa páni sa blíßko.
Ich möchte, dass wir die Polizei holen.	♂ Wolałbym / ♀ Wolałabym wezwać policję. ♂ wólaubim / ♀ woláwabim wéswatsch polítzje.
Bitte geben Sie mir Ihren Namen und Ihre Adresse.	Proszę mi podać ♂ pana / ♀ pani nazwisko i adres. prósche mi pódatsch ♂ pána / ♀ páni naswíßko i ádreß.

Panne

Ich habe kein Benzin mehr.	Nie mam już benzyny. nje mam jusch bensíni.
Ich habe eine Reifenpanne.	Mam uszkodzoną oponę. mam uschkodsóno opóne.

Ich habe eine Motorpanne.	Mam awarię silnika. mam awárje schilníka.
Können Sie mir Starthilfe geben?	Czy może mi pan(i ♀) pomóc w rozruchu silnika? tschi mósche mi pán(i ♀) pómutz w rosrúchu schilníka?
Können Sie ►	Czy ♂ mógłby pan / ♀ mogłaby pani ► tschi ♂ múgbi pan / ♀ mógwabi páni ►
► mich ein Stück mitnehmen?	► mnie kawałek zabrać? mnje kawáwek sábratsch?
► meinen Wagen abschleppen?	► odholować mój samochód? odholówatsch muj ßamóchut?
► mir einen Abschleppwagen schicken?	► przysłać mi samochód holowniczy? pschíßwatsch mi samóchut holownítschi?

Werkstatt

Wo ist die nächste Werkstatt?	Gdzie jest najbliższy warsztat? gdschje jeßt najblísch-schi wárschtat?
Mein Wagen steht (an der Straße nach) ...	Mój samochód stoi (przy drodze do) ... muj ßamóchut stói (pschi drodse do) ...

Können Sie ihn abschleppen?	Czy może go pan(i ♀) odholować? tschi mósche go pán(i ♀) odholówatsch?
Können Sie mal nachsehen?	Czy może pan(i ♀) sprawdzić? tschi mósche pán(i ♀) ßpráwdschitsch?
... funktioniert nicht.	... nie funkcjonuje. ... nje funktzjonúje.
Mein Auto springt nicht an.	Mój samochód nie chce zapalić. muj ßamóchut nje chtze sapálitsch.
Kann ich mit dem Auto noch fahren?	Mogę tym samochodem jeszcze jechać? móge tim ßamochódem jéschtsche jéchatsch?
Machen Sie nur die nötigsten Reparaturen.	Proszę wykonać tylko najważniejsze naprawy. prósche wikónatsch tílko najwaschnjéjsche napráwi.
Wie viel wird die Reparatur ungefähr kosten?	Ile będzie mniej więcej kosztowała naprawa? íle béndschje mnjej wjéntzej koschtowáwa napráwa?

Wann ist es fertig?	Kiedy będzie gotowe? kjédi béndschje gotówe?

Weitere Wörter

Abschleppseil	linka holownicza línka holownítscha
Abschleppwagen	samochód do holowania ßamóchut do holowánja
Anlasser	rozrusznik rosrúschnik
Auffahrunfall	zderzenie sdeschénje
Auspuff	rura wydechowa rúra widechówa
auswechseln	wymienić wimjénitsch
Autobahn	autostrada autoßtráda
Autoschlüssel	kluczyki do samochodu klutschíki do ßamochódu
Batterie	bateria batérja
Benzinkanister	kanister na paliwo kanístər na palíwo
Bremse	hamulec hamúletz
Bremsflüssigkeit	płyn hamulcowy pwin hamultzówi
Bremslicht	światło hamulcowe schwjátwo hamultzówe
Dichtung	uszczelka uschtschélka
Draht	drut drut

Ersatzreifen	koło zapasowe kówo sapaßówe
Ersatzteil	część zamienna tschénschtsch samjén-na
fahren	jechać jéchatsch
Feuerlöscher	gaśnica gaschnítza
Frostschutzmittel	środek przeciw zamarzaniu schródek pschétschif samarsánju
Führerschein	prawo jazdy práwo jásdi
Gang	bieg bjek
Gepäckträger	bagażnik bagáschnik
Getriebe	skrzynia biegów ßkschínja bjéguf
Glühbirne	żarówka scharúfka
Handbremse	hamulec ręczny hamúletz réntschni
Helm	kask ochronny kaßk ochrón-ni
Hupe	klakson klákßon
Kabel	kabel kábel
kaputt	zepsuty sepßúti
Keilriemen	pasek klinowy páßek klinówi
Kfz-Schein	dowód rejestracyjny dówut rejeßtratzíjni
Kindersitz	siedzonko dla dziecka schjedsónko dla dschjétzka
Klimaanlage	klimatyzacja klimatisátzja
Kotflügel	błotnik bwótnik

Kreisverkehr	**ruch okrężny** ruch okrénschni
Kühler	**chłodnica** chwodnítza
Kühlwasser	**woda do chłodnicy** wóda do chwodnítzi
Kupplung	**sprzęgło** ßpschéngwo
Kurve	**zakręt** sákrent
Lack	**lakier** lákjer
Ladekabel	**kabel do ładowania** kábel do wadovanja
Landstraße	**szosa** schóßa
Licht	**światło** schwjátwo
Lichtmaschine	**prądnica** prondnítza
Luftfilter	**filtr powietrza** filtr powjétscha
Motor	**motor** mótor
Motoröl	**olej silnikowy** ólej schilnikówi
Motorrad	**motor** mótor
Navigationssystem	**system nawigacyjny** ßíßtem nawigatzíjni
Ölwechsel	**wymiana oleju** wimjána oléju
parken	**zaparkować** saparkówatsch
Parkhaus	**parking wielopoziomowy** párking wjeloposjomówi
Parkplatz	**parking** párking
Parkuhr	**parkometr** parkómetr
Parkverbot	**zakaz parkowania** sákaß parkowánja

Rad	koło kówo
Raststätte	restauracja przy autostradzie reßtaurátzja pschi autoßtrádschje
Reifen	opona opóna
Reparatur	naprawa napráwa
Rücklicht	światła tylne schwjátwa tílne
Rückspiegel	lusterko wsteczne lußtérko fßtétschne
Schalter	okienko okjénko
Scheibenwischer	wycieraczki witschjerátschki
Scheibenwischer-blätter	pióra wycieraczki pjúra witschjerátschki
Scheinwerfer	reflektor refléktor
Schneeketten	łańcuchy przeciwślizgowe wantzúchi pschetschifschlisgówe
Schraube	śruba schrúba
Schraubenschlüssel	klucz płaski klutsch pwáßki
Schraubenzieher	śrubokręt schrubókrent
Sicherheitsgurt	pas bezpieczeństwa pas beßpjetschénßtfa
Sicherung	bezpiecznik beßpjétschnik
Spiegel	lustro lúßtro
Starter	rozrusznik rosrúschnik
Starthilfekabel	kabel pomocniczy do rozruchu kábel pomotznítschi do rosrúchu
Stoßdämpfer	amortyzator amortisátor

Stoßstange	**zderzak** sdéschak
Tachometer	**prędkościomierz** prentkoschtschjómjesch
Tankstelle	**stacja benzynowa** ßtátzja bensinówa
Trichter	**lejek** léjek
Unfall	**wypadek** wipádek
Unfallprotokoll	**protokół wypadku** protókuw wipátku
Ventil	**zawór** sáwur
Verbandskasten	**apteczka** aptétschka
Vergaser	**gaźnik** gáschnik
Vorfahrt	**pierwszeństwo przejazdu** pjerfschénßtfo pschejásdu
Wagenheber	**podnośnik** podnóschnik
Warndreieck	**trójkąt ostrzegawczy** trújkont oßtschegáftschi
Werkstatt	**warsztat** wárschtat
Werkzeug	**narzędzia** naschéndschja
Zange	**obcęgi** obtzéngi
Zeuge	**świadek** schwjádek
Zeugin	**świadka** schwjadka
Zündkerze	**świeca zapłonowa** schwjétza sapwonówa
Zündung	**zapłon** sápwon
Zusammenstoß	**zderzenie** sdeschénje

Zug

Auskunft und Fahrkarten

Wo finde ich die ►	**Gdzie znajdę ►** gdschje snájde ►
► Gepäckaufbewahrung?	**► przechowalnię bagażu?** pschechowálnje bagáschu?
► Schließfächer?	**► skrytki na bagaż?** ßkrítki na bágasch?
Wann fährt der nächste Zug nach ...?	**Kiedy odchodzi następny pociąg do ...?** kjédi otchódschi naßtémpni pótschjong do ...?
Wann ist er in ...?	**Kiedy on jest w ...?** kjédi on jeßt w ...?
Muss ich umsteigen?	**Czy muszę się przesiadać?** tschi músche schje pscheschjádatsch?
Von welchem Gleis fährt der Zug nach ...?	**Z którego toru odchodzi pociąg do ...?** ßkturégo tóru otchódschi pótschjong do ...?
Was kostet eine Fahrkarte nach ...?	**Ile kosztuje bilet do ...?** íle koschtúje bílet do ...?
Gibt es eine Ermäßigung für ...?	**Czy jest zniżka na ...?** tschi jeßt sníschka na ...?

Bis zu welchem Alter fahren Kinder umsonst?	**Do jakiego wieku dzieci jeżdżą za darmo?** do jakjégo wjéku dschjétschi jéschdscho sa dármo?
Bitte zwei Karten nach ...	**Poproszę dwa bilety do ...** poprósche dwa biléti do ...
Bitte eine Karte ►	**Poproszę bilet ►** poprósche bílet ►
► einfach.	► **w jedną stronę.** fjédno ßtróne.
► hin und zurück.	► **tam i z powrotem.** tam i ßpowrótem.
► erster Klasse.	► **pierwszej klasy.** pjérfschej klási.
► zweiter Klasse.	► **drugiej klasy.** drúgjej klási.
► für Kinder.	► **dla dzieci.** dla dschjétschi.
Ich hätte gerne einen Platz ►	**♂ Chciałbym / ♀ Chciałabym miejsce ►** ♂ chtscháubim / ♀ chtschávabim mjéjstze ►
► am Fenster.	► **przy oknie.** pschi óknje.
► am Gang.	► **przy przejściu.** pschi pschéjschtschju.
► im Abteil.	► **w przedziale.** fpschedschjále.
► im Großraumwagen.	► **w wagonie bezprzedziałowym.** w-wagónje bespschedschjawówim.

Auf dem Bahnhof

Informacja	Auskunft
Na perony	Zu den Bahnsteigen
Poczekalnia	Wartesaal
Prysznice	Duschen
Przechowalnia bagażu	Gepäckaufbewahrung
Skrytki na bagaż	Schließfächer
Toalety	Toiletten
Tor	Gleis
Umywalnie	Waschräume
Woda niezdatna do picia	Kein Trinkwasser
Wyjście	Ausgang

Im Zug

Ist dies der Zug nach ...?

Czy to jest pociąg do ...?
tschi to jeßt pótschjong do ...?

Könnten Sie mir bitte beim ▸ helfen?

Czy ♂ mógłby pan / ♀ mogłaby pani mi proszę pomóc przy ▸
tschi ♂ múgbi pan / ♀ mógwabi páni mi prósche pómutz pschi ▸

▸ Einsteigen — ▸ wsiadaniu? fschjadánju?

▸ Aussteigen — ▸ wysiadaniu? wischjadánju?

Ist dieser Platz frei?	**Czy to miejsce jest wolne?** tschi to mjéjßtze jeßt wólne?
Entschuldigen Sie, das ist mein Platz.	**Przepraszam, to jest moje miejsce.** pschepráscham, to jeßt móje mjéjßtze.
Wie viele Stationen sind es noch bis ...?	**Ile jeszcze stacji do ...?** íle jéschtsche ßtátzji do ...?
Erreiche ich den Zug nach ... noch?	**Czy zdążę jeszcze na pociąg do ...?** tschi sdónsche jéschtsche na pótschjong do ...?

Weitere Wörter

Abfahrt	**odjazd** ódjaßt
Abteil	**przedział** pschédschjau
Ankunft	**przyjazd** pschíjaßt
Anschluss	**połączenie** powontschénje
Ausgang	**wyjście** wíjschtschje
aussteigen	**wysiadać** wischjádatsch
Bahnhof	**dworzec** dwóschetz
Bahnsteig	**peron** péron
Fahrplan	**rozkład jazdy** róßkwat jásdi
Fahrpreis	**cena biletu** tzéna bilétu
Fensterplatz	**miejsce przy oknie** mjéjßtze pschi óknje

Gleis	**tor** tor
Klasse	**klasa** kláßa
Liegewagen	**kuszetka** kuschétka
Mundschutz	**maski** maski
reserviert	**zarezerwowany** sareserwowáni
Schaffner	**konduktor** kondúktor
Schaffnerin	**konduktorka** konduktorka
Schlafwagen	**wagon sypialny** wágon ßipjálni
Schließfächer	**skrytki na bagaż** ßkrítki na bágasch
Speisewagen	**wagon restauracyjny** wágon reßtauratzíjni
umsteigen	**przesiadaćsię** pscheschjádatsch schje
Waggon	**wagon** wágon
Zuschlag	**dopłata** dopwáta

Fernbus

Wie komme ich zum Busbahnhof?
Jak dostanę się do dworca autobusowego? jak doßtáne schje do dwórtza autobußowégo?

Wann fährt der nächste Bus nach ...?
Kiedy odchodzi następny autobus do ...? kjédi otchódschi naßtémpni autóbuß do ...?

Bitte eine Karte nach ...	**Poproszę bilet do ...** poprósche bílet do ...
Bitte zwei Karten nach ...	**Poproszę dwa bilety do ...** poprósche dwa biléti do ...
Ist dies der Bus nach ...?	**Czy to jest autobus do ...?** tschi to jeßt autóbuß do ...?
Wie lange dauert die Fahrt?	**Jak długo trwa podróż?** jak dwúgo trwa pódrusch?
Ist ... die Endhaltestelle?	**Czy ... jest stacją końcową?** tschi ... jeßt ßtátzjo kontzówo?
Sagen Sie mir bitte, wo ich aussteigen muss?	**Proszę mi powiedzieć, gdzie muszę wysiąść?** prósche mi powjédschjetsch, gdschje músche wíschjonschtsch?

Schiff & Fähre

Wann geht das nächste Schiff nach ...?	**Kiedy odchodzi następny statek do ...?** kjédi otchódschi naßtémpni ßtátek do ...?
Wann geht die nächste Fähre nach ...?	**Kiedy odchodzi następny prom do ...?** kjédi otchódschi naßtémpni prom do ...?

Ich möchte mein Auto mitnehmen.

♂ Chciałbym / ♀ Chciałabym zabrać samochód ze sobą.
♂ chtscháubim / ♀ chtscháwabim sabratsch ßamóchut se ßobo.

Eine Karte für die Rundfahrt um ... Uhr bitte.

♂ Chciałbym / ♀ Chciałabym bilet na przejażdżkę o godzinie ...
♂ chtscháubim / ♀ chtschawabim bílet na pschejáschtschke o godschínje ...

Nahverkehr

Wo ist ►
► die nächste U-Bahn-Station?
► die nächste Bushaltestelle?
► die nächste Straßenbahn-haltestelle?

Gdzie jest ► gdschje jeßt ►
► następna stacja metra? naßtémpna ßtátzja métra?
► następny przystanek autobusowy? naßtémpni pschißtánek autobußówi?
► następny przystanek tramwajowy? naßtémpni pschißtánek tramwajówi?

Wo hält der Bus nach ...?

Gdzie zatrzymuje się autobus do ...? gdschje satschimúje schje autóbuß do ...?

Wo hält die Straßenbahn nach ...?	**Gdzie zatrzymuje się tramwaj do ...?** gdschje satschimúje schje trámwaj do ...?
Welcher Bus fährt nach ...?	**Który autobus jedzie do ...?** ktúri autóbuß jédschje do ...?
Welche U-Bahn fährt nach ...?	**Które metro jedzie do ...?** ktúre métro jédschje do ...?

Das könnten Sie hören:

Autobus numer ... autóbuß númer ...	Der Bus Nummer ...
Linia ... línja ...	Die Linie ...

Wann fährt der nächste Bus nach ...?	**Kiedy odjeżdża następny autobus do ...?** kjédi otjéschdscha nastémpni autóbuß do ...?
Wann fährt der letzte Bus?	**Kiedy odjeżdża ostatni autobus?** kjédi otjéschdscha oßtátni autóbuß?
Fährt dieser Bus nach ...?	**Czy ten autobus jedzie do ...?** tschi ten autóbuß jédschje do ...?

Gibt es Niederflurbusse?	**Czy są autobusy z opuszczaną platformą?** tschi ßo autobúßi s opuschtscháno platfórmo?
Muss ich nach ... umsteigen?	**Czy do ... trzeba się przesiadać?** tschi do ... tschéba schje pscheschjádatsch?
Sagen Sie mir bitte, wo ich ► muss?	**Proszę mi powiedzieć, gdzie muszę ►** prósche mi powjédschjetsch, gdschje músche ►
► aussteigen	► **wysiąść?** wíschjonschtsch?
► umsteigen	► **się przesiąść?** schje pschéschjonschtsch?
Wo gibt es die Fahrscheine?	**Gdzie dostanę bilety?** Gdschje dostáne biléti?
Bitte einen Fahrschein nach ...	**Proszę bilet do ...** prósche bílet do ...
Gibt es ►	**Czy są ►** tschi ßo ►
► Tageskarten?	► **bilety jednodniowe?** biléti jednodnjówe?
► Mehrfahrtenkarten?	► **bilety wielokrotnego użytku?** biléti wjelokrotnégo uschítku?
► Wochenkarten?	► **bilety tygodniowe?** biléti tigodnjówe?

Bis zu welchem Alter fahren Kinder umsonst? — **Do jakiego wieku dzieci jeżdżą za darmo?** do jakjégo wjéku dschjétschi jéschdscho sa dármo?

Weitere Wörter

Abfahrt	**odjazd** ódjaßt
aussteigen	**wysiadać** wischjádatsch
Endstation	**stacja końcowa** ßtátzja kontzówa
Entwerter	**kasownik** kaßównik
Fahrer(in)	**kierowca** kjeróftza
Fahrkarte	**bilet** bílet
Fahrkartenautomat	**automat biletowy** autómat biletówi
Fahrplan	**rozkład jazdy** róßkwat jásdi
Fahrpreis	**cena biletu** tzéna bilétu
halten	**zatrzymać** satschímatsch
Haltestelle	**przystanek** pschißtánek
Rolltreppe	**schody ruchome** ßchódi ruchóme
S-Bahn	**szybka kolej miejska** schípka kólej mjéjßka
Schaffner	**konduktor** kondúktor
Schaffnerin	**konduktorka** konduktorka
Stadtzentrum	**centrum miasta** tzéntrum mjáßta

stufenlos	**bezstopniowy** beß-ßtopnjówi
Taxistand	**postój taksówek** póßtuj takßúwek
umsteigen	**przesiadać się** pscheschjádatsch schje

Taxi

Wo bekomme ich ein Taxi?	**Gdzie stoją taksówki?** gdschje ßtójo takßúfki?
Bitte bestellen Sie mir für (morgen um) ... Uhr ein Taxi.	**Proszę mi (jutro) zamówić taksówkę na godzinę ...** prósche mi (jútro) samúwitsch takßúfke na godschíne ...
Sind Sie frei?	**Czy jest ♂ pan wolny / ♀ pani wolna?** tschi jéßt ♂ pan wólni / ♀ páni wólna?
Bitte ►	**Proszę ►** prósche ►
►zum Bahnhof!	**►na dworzec!** na dwóschetz!
►zum Flughafen!	**►na lotnisko!** na lotníßko!
►zum Hotel ...!	**►do hotelu ...!** do hotélu ...!
►in die Innenstadt!	**►do centrum!** do tzéntrum!
►in die ... Straße!	**►na ulicę ...!** na ulítze ...!
►zu einem guten Club!	**►do dobrej dyskoteki!** do dóbrej dißkotéki!

Info Taxifahrten sind in Polen vergleichsweise preiswert. Achten Sie darauf, dass der Taxameter (licznik lítschnik) während der Fahrt eingeschaltet ist. Vor längeren Fahrten empfiehlt es sich, den Preis vorab abzusprechen.

Wie viel kostet es nach ...?	Ile kosztuje do ...? íle koschtúje do ...?
Man hat mir (im Hotel) gesagt, dass es nur ... kostet.	Powiedzieli mi (w hotelu), że to kosztuje tylko ... powjedschjéli mi (fhotélu), sche to koschtúje tílko ...
Bitte schalten Sie den Taxameter ein.	Proszę niech pan(i ♀) włączy licznik. prósche njech pán(i ♀) wuóntschi lítschnik.
Warten Sie hier bitte (einen Augenblick)!	Proszę tutaj poczekać (na chwilę)! prósche tútaj potschékatsch (na chfíle)!
Halten Sie hier bitte (einen Augenblick)!	Proszę się tutaj zatrzymać (na chwilę)! prósche schje tútaj satschímatsch (na chfíle)!
Das Wechselgeld ist für Sie!	Reszta dla ♂ pana / ♀ pani! réschta dla ♂ pána / ♀ páni!

Übernachten

Zimmersuche

Wissen Sie, wo ich hier ein Zimmer finden kann?	**Czy wie pan(i ♀), gdzie można tu wynająć pokój?** tschi wje pán(i ♀), gdschje móschna tu winájontsch pókuj?
Können Sie mir ► empfehlen?	**Czy może mi pan(i ♀) polecić ►** tschi mósche mi pán(i ♀) polétschitsch ►
► ein gutes Hotel	► **dobry hotel?** dóbri hótel?
► ein preiswertes Hotel	► **niedrogi hotel?** njedrógi hótel?
► eine Pension	► **pensjonat?** penßjónat?
► eine Privatunterkunft	► **prywatną kwaterę?** priwátno kfatére?
Wie viel kostet es (ungefähr)?	**Ile to (mniej więcej) kosztuje?** íle to (mnjej wjéntzej) koschtúje?

Info Neben Hotels gibt es in touristischen Gebieten preiswerte Pensionen und an Schnellstraßen günstige Rasthäuser (**zajazd** sájaßt), die auch Übernachtungsmöglichkeiten anbieten, sowie Motels (**motel** mótel). Das Schild **Wolne pokoje** an Wohnhäusern weist auf freie Zimmer hin. Die private Zimmervermietung ist in den Ferienregionen weit verbreitet.

Können Sie für mich dort reservieren?	**Czy może pan(i ♀) zarezerwować tam dla mnie miejsce?** tschi mósche pán(i ♀) sareserwówatsch tam dla mnje mjéjßtze?
Gibt es hier ►	**Czy jest tu ►** tschi jeßt tu ►
► eine Jugendherberge?	**► schronisko młodzieżowe?** ßchroníßko mwodschjeschówe?
► einen Campingplatz?	**► pole kempingowe?** póle kempingówe?
Ist es weit von hier?	**Czy to daleko stąd?** tschi to daléko ßtont?
Wie komme ich dorthin?	**Jak tam dotrzeć?** jak tam dótschetsch?

Hotel

Ankunft

Ich habe ein Zimmer reserviert auf den Namen ►	**Został dla mnie zarezerwowany pokój na nazwisko ...** sóßtau dla mnje sareserwowáni pókuj na naswíßko ...

Haben Sie ein Einzelzimmer frei?	Czy ma pan(i ♀) wolny pokój jednoosobowy? tschi ma pán(i ♀) wólni pókuj jédno-oßobówi?
Haben Sie ein Doppelzimmer frei ►	Czy ma pan(i ♀) wolny pokój dwuosobowy ► tschi ma pán(i ♀) wólni pókuj dwu-oßobówi ►
► für eine Nacht?	► na jedną noc? na jédno notz?
► für ... Nächte?	► na ... nocy? na ... nótzi?
► mit Bad?	► z łazienką? swaschjénko?
► mit Dusche?	► z prysznicem? ßprischnítzem?
► mit Balkon?	► z balkonem? ßbalkónem?
► mit Klimaanlage?	► z klimatyzacją? ßklimatisátzjo?
► mit Ventilator?	► z wentylatorem? swentilatórem?
► mit Blick aufs Meer?	► z widokiem na morze? swidókjem na mósche?
► nach hinten hinaus?	► z oknem na podwórze? sóknem na podwúsche?

Das könnten Sie hören:
Niestety, mamy wszystko zajęte.
njeßtéti, mámi fschíßtko sajénte.
Wir sind leider ausgebucht.

Wie viel kostet es ►	**Ile kosztuje pokój ►** íle koschtúje pókuj ►
► mit Frühstück?	**► ze śniadaniem?** se schnjadánjem?
► mit Halbpension?	**► ze śniadaniem i kolacją?** se schnjadánjem i kolátzjo?
► mit Vollpension?	**► z pełnym wyżywieniem?** ßpéwnim wischiwjénjem?
Wie viel kostet es?	**Ile to kosztuje?** íle to koschtúje?
Gibt es für ... Nächte eine Ermäßigung?	**Czy jest zniżka na ... noce?** tschi jest sníschka na ... nótze?
Gibt es WLAN auf den Zimmern?	**Czy jest internet bezprzewodowy w pokojach?** tschi jest intérnet beßpschewodówi fpokójach?
Brauche ich ein Passwort?	**Czy jest mi potrzebne hasło?** tschi jest mi potschébne háswo?
Kann ich mir das Zimmer ansehen?	**Czy mogę obejrzeć pokój?** tschi móge obéjschetsch pókuj?
Haben Sie noch ein anderes Zimmer?	**Czy ma pan(i ♀) jeszcze inny pokój?** tschi ma pán(i ♀) jéschtsche ín-ni pókuj?
Es ist sehr schön. Ich nehme es.	**Jest bardzo ładny. Wezmę go.** jeßt bárdso wádni. wésme go.

Könnten Sie ein zusätzliches Bett aufstellen?	Czy ♂ mógłby pan / ♀ mogłaby pani wstawić dodatkowe łóżko? tschi ♂ múgbi pan / ♀ mógwabi páni fßtáwitsch dodatkówe wúschko?
Wo ist das Bad?	Gdzie jest łazienka? gdschje jeßt waschjénka?
Wo kann ich meinen Wagen abstellen?	Gdzie mogę zaparkować samochód? gdschje móge saparkówatsch ßamóchut?
Gibt es einen Parkplatz mit E-Ladestation?	Czy jest parking ze stacją e-ładowania? tschi jeßt parking se ßtátzja e-wadovanja?
Wann gibt es Frühstück?	Kiedy jest śniadanie? kjédi jeßt schnjadánje?
Wo ist der ►	Gdzie jest ► gdschje jeßt ►
► Speisesaal?	► sala restauracyjna? ßála reßtauratzíjna?
► Frühstücksraum?	► jadalnia? jadálnja?

Service

Bitte den Schlüssel für Zimmer ...	Proszę o klucz do pokoju ... prósche o klutsch do pokóju ...

Kann ich Ihnen meine Wertsachen zur Aufbewahrung geben?	**Czy mogę państwu powierzyć moje rzeczy wartościowe?** tschi móge pánßtfu powjéschitsch móje schétschi wartoschtschjówe?
Kann ich bitte noch ► haben?	**Czy ♂ mógłbym / ♀ mogłabym jeszcze poprosić o ►** tschi ♂ múgbim / ♀ mógwabim jéschtsche popróschitsch o ►
► eine Decke	► **koc?** kotz?
► ein Handtuch	► **ręcznik?** réntschnik?
► ein paar Kleiderbügel	► **kilka wieszaków?** kílka wjeschákuf?
► ein Kopfkissen	► **poduszkę?** podúschke?
Meine Tür lässt sich nicht abschließen.	**Moje drzwi się nie zamykają.** móje dschwi schje nje samikájo.
Das Fenster geht nicht ►	**Okno się nie ►** ókno schje nje ►
► auf.	► **otwiera.** otfjéra.
► zu.	► **zamyka.** samíka.
Es kommt kein (warmes) Wasser.	**Nie ma (ciepłej) wody.** nje ma (tschjépwej) wódi.
... ist schmutzig.	**... jest brudna.** ... jeßt brúdna.

Abreise

Wecken Sie mich bitte (morgen) um ... Uhr.	Proszę mnie (jutro) obudzić o godzinie ... prósche mnje (jútro) obúdschitsch o godschínje ...
Wir reisen morgen ab.	Jutro odjeżdżamy. jútro odjeschdschámi.
Machen Sie bitte die Rechnung fertig.	Czy może mi pan(i ♀) przygotować rachunek? tschi mósche mi pán(i ♀) pschigotówatsch rachúnek?
Kann ich mit ▸ zahlen?	Czy mogę zapłacić ▸ tschi móge sapwátschitsch ▸
▸ EC-Karte	▸ kartą debetową? kárto debetówo?
▸ Kreditkarte	▸ kartą kredytową? kárto kreditówo?
Es war sehr schön hier.	Tutaj było bardzo ładnie. tútaj bíwo bárdso wádnje.
Bis wann muss man auschecken?	Do której godziny należy się wymeldować? do ktúrej godschíni naléschi schje wimeldówatsch?

Kann ich später auschecken?	**Czy mogę się później wymeldować?** tschi móge schje púschnjej wimeldówatsch?
Kann ich mein Gepäck noch bis ... Uhr hierlassen?	**Czy mogę tutaj zostawić bagaż do godziny ...?** tschi móge tútaj soßtáwitsch bágasch do godschíni ...?
Rufen Sie bitte ein Taxi.	**Czy może mi pan(i ♀) zamówić taksówkę?** tschi mósche mi pán(i ♀) samúwitsch takßúfke?

Ferienwohnung

Wir haben die Wohnung ... gemietet.	**Wynajęliśmy mieszkanie ...** winajelíschmi mjeschkánje ...
Wir brauchen noch ►	**Potrzebujemy jeszcze ►** potschebujémi jéschtsche ►
► Bettwäsche.	► **dodatkową pościel.** dodatkówo póschtschjel.
► Geschirrtücher.	► **dodatkowe ścierki kuchenne.** dodatkówe schtschjérki kuchén-ne.

Wo ist der Sicherungskasten?	Gdzie znajduje się bezpiecznik? gdschje snajdúje schje beßpjétschnik?
Wo können wir das Auto abstellen?	Gdzie możemy zaparkować samochód? gdschje moschémi saparkówatsch ßamóchut?
Erklären Sie uns bitte, wie die Waschmaschine funktioniert?	Czy ♂ mógłby pan / ♀ mogłaby pani nam wytłumaczyć, jak funkcjonuje pralka? tschi ♂ múgbi pan / ♀ mógwabi páni nam witwumátschitsch, jak funktzjonúje prálka?
Wohin kommt der Müll?	Gdzie wyrzucaćśmieci? gdschje wischútzatsch schmjétschi?
Wo ist ▸	Gdzie jest ▸ gdschje jeßt ▸
▸ die nächste Bushaltestelle?	▸ następny przystanek autobusowy? naßtémpni pschißtánek autobußówi?
▸ ein Lebensmittelgeschäft?	▸ sklep z artykułami spożywczymi? ßklep sartikuámi ßposchiftschími?
▸ eine Bäckerei?	▸ piekarnia? pjekárnja?

Camping

Haben Sie noch Platz für ...?

Czy u państwa jest jeszcze miejsce na ...? tschi u pánßtfa jeßt jéschtsche mjéjßtze na ...?

Wie hoch ist die Gebühr für ►

Ile wynosi opłata za ► íle winóschi opwáta sa ►

- ► zwei Erwachsene und ... Kinder?
  ► dwóch dorosłych i ... dzieci? dwuch doróßwich i ... dschjétschi?
- ► einen Pkw mit Wohnwagen?
  ► samochód z przyczepą kempingową? ßamóchut ßpschitschépo kempingówo?
- ► ein Wohnmobil?
  ► samochód kempingowy? ßamóchut kempingówi?
- ► ein Zelt?
  ► namiot? námjot?

Vermieten Sie auch Bungalows?

Czy wynajmują państwo także domki wczasowe? tschi winajmújo pánßtfo tágsche dómki ftschaßówe?

Wir möchten einen Tag bleiben.

Chcielibyśmy zostać jeden dzień. chtschjélibischmi sóßtatsch jéden dschjen.

Wir möchten ... Tage bleiben.	**Chcielibyśmy zostać ... dni.** chtschjélibischmi sóßtatsch ... dni.
Wo können wir unser Zelt aufstellen?	**Gdzie możemy rozbić nasz namiot?** gdschje moschémi rósbitsch nasch námjot?
Wo können wir unseren Wohnwagen aufstellen?	**Gdzie możemy postawić naszą przyczepę kempingową?** gdschje moschémi poßtáwitsch nánscho pschitschépe kempingówo?
Wo sind die ►	**Gdzie są ►** gdschje ßo ►
► Waschräume?	► **umywalnie?** umiwálnje?
► Toiletten?	► **toalety?** toaléti?
Wo kann ich das Chemieklo entsorgen?	**Gdzie mogę opróżnić toaletę turystyczną?** gdschje móge oprúschnitsch toaléte turißtítschno?
Kann ich hier Gasflaschen ►	**Czy można tu ► butlę gazową?** tschi móschna tu ► bútle gasówo?
► kaufen?	► **kupić** kúpitsch
► umtauschen?	► **wymienić** wimjénitsch

Gibt es hier Stromanschluss?	**Czy jest tu przyłączenie do sieci?** tschi jeßt tu pschiwontschénje do schjétschi?

Weitere Wörter

Abfluss	**odpływ** otpwíf
abreisen	**odjeżdżać** odjéschdschatsch
Adapter	**adapter** adápter
Anmeldung	**zameldowanie** sameldowánje
Anzahlung	**zaliczka** salítschka
Appartement	**apartament** apartáment
Aschenbecher	**popielniczka** popjelnítschka
Aufzug	**winda** wínda
Badewanne	**wanna** wán-na
Beanstandung	**reklamacja** reklamátzja
Besen	**miotła** mjótwa
Bett	**łóżko** wúschko
Bettdecke	**kołdra** kóudra
Bettwäsche	**pościel** póschtschjel
bügeln	**prasować** praßówatsch
Bungalow	**domek wczasowy** dómek ftschaßówi
Campingplatz	**pole kempingowe** póle kempingówe
Decke	**koc** kotz

Doppelbett	**podwójne łóżko** podwújne wúschko
Dusche	**prysznic** príschnitz
Einzelbett	**pojedyncze łóżko** pojedíntsche wúschko
Empfang	**przyjęcie** pschijéntschje
Endreinigung	**sprzątanie końcowe** ßpschontánje kontzówe
Etage	**piętro** pjéntro
Fenster	**okno** ókno
Ferienhaus	**dom wczasowy** dom ftschaßówi
Ferienwohnung	**mieszkanie wypoczynkowe** mjeschkánje wipotschinkówe
Fernseher	**telewizor** telewísor
Foyer	**foyer** fóje
Frühstücksbüfett	**bufet śniadaniowy** búfet schnjadanjówi
Frühstücksraum	**jadalnia** jadálnja
Gaskartusche	**jednorazowa butla gazowa** jednorasówa bútla gasówa
Gaskocher	**kuchenka gazowa** kuchénka gasówa
Geschirr	**naczynia** natschínja
Geschirrtuch	**ścierka do naczyń** schtschjérka do nátschin
Glas	**szklanka** schklánka

Hammer .... **młotek** mwótek
Handtuch .... **ręcznik** réntschnik
Heizung .... **ogrzewanie** ogschewánje
Herd .... **piec** pjetz
Hering .... **śledź** schletsch
Hotel .... **hotel** hótel
Hotelkärtchen .... **wizytówka hotelu** wisitúfka hotélu
Internetanschluss .... **połączenie internetowe** powontschénje internetówe
Isomatte .... **mata izolacyjna** máta isolatzíjna
Jugendherberge .... **schronisko młodzieżowe** ßchroníßko mwodschjeschówe
kaputt .... **zepsute** sepßúte
Kaution .... **kaucja** káutzja
Kinderbett .... **łóżko dla dziecka** wúschko dla dschjétzka
Kleiderbügel .... **wieszak** wjéschak
Klimaanlage .... **klimatyzacja** klimatisátzja
Kopfkissen .... **poduszka** podúschka
Kühlschrank .... **lodówka** lodúfka
Lampe .... **lampa** lámpa
Licht .... **światło** schwjátwo
Luftmatratze .... **materac dmuchany** matératz dmucháni
Matratze .... **materac** matératz

Miete	czynsz tschinsch
mieten	wynająć winájontsch
Minibar	barek bárek
Moskitonetz	siatka przeciw komarom schjátka pschétschif komárom
Moskitospirale	spirala przeciw komarom ßpirála pschétschif komárom
Mülleimer	kubeł na śmieci kúbew na schmjétschi
Notausgang	wyjście awaryjne wíjschtschje awaríjne
Rechnung	rachunek rachúnek
reservieren	(za)rezerwować (sa)reserwówatsch
reserviert	zarezerwowany sareserwowáni
Rezeption	recepcja retzéptzja
Safe	sejf ßejf
Schlafsaal	sypialnia ßipjálnja
Schlafsack	śpiwór schpíwur
Schlüssel	klucz klutsch
schmutzig	brudny brúdni
Schrank	szafa schäfa
Sessel	fotel fótel
Sicherung	bezpiecznik beßpjétschnik
Spiegel	lustro lúßtro
Spülung	spłuczka ßpwútschka

Steckdose	**gniazdko** gnjáßtko
Stecker	**wtyczka** ftítschka
Stuhl	**krzesło** kschéßwo
Swimmingpool	**basen** báßen
Telefon	**telefon** teléfon
Terrasse	**taras** táraß
Tisch	**stół** ßtuw
Toilette	**toaleta** toaléta
Toilettenpapier	**papier toaletowy** pápjer toaletówi
Trinkwasser	**woda pitna** wóda pítna
Ventilator	**wentylator** wentilátor
Verlängerungswoche	**dodatkowy tydzień pobytu** dodatkówi tídschjen pobítu
Waschbecken	**umywalka** umiwálka
waschen	**myć** mitsch
Wäschetrockner	**suszarka** ßuschárka
Waschmaschine	**pralka** prálka
Waschraum	**umywalnia** umiwálnja
Wasser	**woda** wóda
Wasserhahn	**kran** kran
Wohnmobil	**samochód kempingowy** ßamóchut kempingówi
Wohnwagen	**przyczepa kempingowa** pschitschépa kempingówa
Zelt	**namiot** námjot
Zimmer	**pokój** pókuj

Essen & Trinken

Śniadanie

Frühstück

bułka búwka	Brötchen
chleb chlep	Brot
chleb tostowy chlep toßtówi	Toast
czarna herbata tschárna herbáta	schwarzer Tee
dżem dschem	Marmelade
herbata herbáta	Tee
jajecznica jajetschnítza	Rührei
jajko jájko	Ei
jajko sadzone jájko ßadsóne	Spiegelei
jogurt jógurt	Joghurt
kawa káwa	Kaffee
kawa ekspresowa káwa ekßpreßówa	Espresso
kawa z mlekiem káwa smlékjem	Milchkaffee
kiełbasa kjewbáßa	Wurst
masło máßwo	Butter
mleko mléko	Milch
muesli múßli	Müsli
omlet ómlet	Omelett
szynka schínka	Schinken

Zakąski

Vorspeisen

flaki fláki	Kutteln
galaretka mięsna galarétka mjénßna	Fleischsülze
galaretka rybna galarétka ríbna	Fischgelee
jaja faszerowane śledziem jája fascherowáne schlédschjem	gefüllte Eier mit Hering
jaja faszerowane szynką jája fascherowáne schínko	gefüllte Eier mit Schinken
jajecznica z kiełbasą jajetschnítza ßkjewbáßo	Rührei mit Wurst
łazanki zapiekane z grzybami wasánki sapjekáne sgschibámi	Nudelauflauf mit Pilzen
łazanki zapiekane z kapustą kiszoną wasánki sapjekáne ßkapúßto kischóno	Nudelauflauf mit Sauerkraut
mózg cielęcy po polsku mußk tschjeléntzi po pólßku	Kalbshirn auf polnische Art

naleśniki z mięsem naleschníki smjénßem	Eierkuchen mit Fleisch
naleśniki z serem naleschníki ß-ßérem	Eierkuchen mit Quark
omlet z pieczarkami ómlet ßpjetscharkámi	Omelett mit Champignons
omlet z szynką ómlet ßschínko	Omelett mit Schinken
papryka faszerowana mięsem papríka fascherowána mjénßem	mit Hackfleisch gefüllte Paprikaschoten
pasztet z cielęciny páschtet ßtschjelentschíni	Kalbspastete
pasztet z dziczyzny páschtet sdschitschísni	Wildpastete
pasztet z kury páschtet ßkúri	Hühnerpastete
pierogi ruskie pjerógi rúßkje	gefüllte Maultaschen mit Kartoffeln und Quark
pierogi z grzybami pjerógi sgschibámi	gefüllte Maultaschen mit Pilzen
pierogi z mięsem pjerógi smjénßem	gefüllte Maultaschen mit Fleisch
sałatka śledziowa ßawátka schledschjówa	Heringssalat
śledzie w śmietanie schlédschje fschmjetánje	Heringe in Sahne

Zupy

Suppen

barszcz burakowy czysty barschtsch burakówi tschíßti	klare Rote-Bete-Suppe
chłodnik chwódnik	kalte Rote-Bete-Suppe
grochówka grochúfka	Erbsensuppe
kapuśniak kapúschnjak	Kohlsuppe
krupnik krúpnik	Graupensuppe
rosół z kury róßuw ßkúri	Hühnerbrühe
zupa grzybowa súpa gschibówa	Pilzsuppe
zupa jarzynowa súpa jaschinówa	Gemüsesuppe
zupa ogórkowa súpa ogurkówa	Gurkensuppe
zupa pomidorowa súpa pomidorówa	Tomatensuppe
zupa rybna súpa ríbna	Fischsuppe
zupa z flaków súpa ßflákuf	Kuttelsuppe
żur schur	saure Mehlsuppe

Sałaty

Salate

sałata zielona ßawáta schjelóna	grüner Salat
sałatka z jarzyn ßawátka sjáschin	Gemüsesalat
sałatka z jarzyn mieszanych ßawátka sjáschin mjeschánich	gemischter Salat
sos do sałatek ßoß do ßawátek	Salatsoße
surówka ßurúfka	Rohkostsalat
surówka z kapusty czerwonej ßurúfka ßkapúßti tscherwónej	Rotkohlsalat
surówka z kapusty kiszonej ßurúfka ßkapúßti kischónej	Sauerkrautsalat
surówka z ogórka kiszonego ßurúfka sogúrka kischonégo	Salzgurkensalat
surówka z pomidorów ßurúfka ßpomidóruf	Tomatensalat

Potrawy mięsne

Fleischgerichte

antrykot wołowy smażony antríkot wowówi ßmaschóni	gebratenes Entrecote
baranina baranína	Hammelfleisch
befsztyk béfschtik	Steak
bigos bígoß	Sauerkraut mit Fleisch und Wurst gedünstet
cielęcina tschjelentschína	Kalbfleisch
comber z sarny pieczony tzómber ß-ßárni pjetschóni	gebratener Rehrücken
dziczyzna dschitschísna	Wild
dzik dschik	Wildschwein
golonka gotowana golónka gotowána	gekochtes Eisbein
gęś pieczona z jabłkami gensch pjetschóna sjapkámi	Gans gebraten mit Äpfeln
gęś po polsku gensch po pólßku	Gans auf polnische Art
gulasz wołowy gúlasch wowówi	Rindergulasch

indyk pieczony nadziewany índik pjetschóni nadschjewáni	Truthahn gebraten und gefüllt
jagnięcina jagnjetschína	Lammfleisch
kaczka nadziewana kátschka nadschjewána	gefüllte Ente
kaczka pieczona z jabłkami kátschka pjetschóna sjapkámi	Ente gebraten mit Äpfeln
klopsy klópßi	Klopse
kotlet barani z rusztu kótlet baráni srúschtu	gegrilltes Lammkotelett
kotlet cielęcy kótlet tschjeléntzi	Kalbskotelett
kotlet mielony kótlet mjelóni	Frikadelle
kotlet schabowy kótlet ßchabówi	Schweineschnitzel
kotlet schabowy panierowany kótlet ßchabówi panjerowáni	paniertes Schweinekotelett
kotlet z dzika kótlet sdschíka	Wildschweinkotelett
kura w rosole kúra wroßóle	Huhn in Brühe
kurczak smażony kúrtschak ßmaschóni	Brathähnchen

kuropatwa duszona kuropátwa duschóna	geschmortes Rebhuhn
mięso w rosole mjénßo wroßóle	Fleisch in Brühe
mostek cielęcy móßtek tschjeléntzi	Kalbsbrust
nerki cielęce nérki tschjeléntze	Kalbsnieren
ozór wołowy w sosie chrzanowym ósur wowówi fßóschje chschanówim	Rinderzunge in Meerrettichsoße
pieczeń z jagnięcia pjétschen sjagnjéntschja	Lammbraten
polędwica polendwítza	Filet
potrawka potráfka	Ragout
potrawka z kury potráfka ßkúri	Hühnerragout
prosię pieczone próschje pjetschóne	Ferkelbraten
rolada wołowa roláda wowówa	Rinderroulade
szaszłyk scháschwik	Schaschlik
szaszłyk z baraniny scháschwik sbaraníni	Schaschlik aus Hammelfleisch
sznycel po wiedeńsku schnítzel po wjedénsku	Wiener Schnitzel

wątróbka wieprzowa wontrúpka wjepschówa	Schweineleber
wieprzowina wjepschowína	Schweinefleisch
wołowina wowowína	Rindfleisch
zając sájontz	Hase

Ryby

Fisch

dorsz dorsch	Dorsch
jesiotr jéschjotr	Stör
karp karp	Karpfen
lin lin	Schleie
łosoś wóßosch	Lachs
merlan mérlan	Weißling
okoń czerwony ókon tscherwóni	Rotbarsch
płastuga pwastúga	Scholle
pstrąg pßtronk	Forelle
rolmops rólmopß	Rollmops
sandacz ßándatsch	Zander
szczupak schtschúpak	Hecht
śledź schletsch	Hering
tuńczyk túntschik	Thunfisch
turbot túrbot	Steinbutt
węgorz wéngosch	Aal

Dodatki

Beilagen

frytki frítki	Pommes frites
knedel knédel	Kloß, Knödel
makaron makáron	Nudeln
ryż risch	Reis
ziemniaki schjemnjáki	Kartoffeln
ziemniaki purée schjemnjáki pjuré	Kartoffelpüree
ziemniaki smażone schjemnjáki ßmaschóne	Bratkartoffeln
ziemniaki z wody schjemnjáki swódi	Salzkartoffeln

Jarzyny

Gemüse

borowiki borowíki	Steinpilze
bób bup	dicke Bohnen
brukselka brukßélka	Rosenkohl
buraczki burátschki	junge Rote Bete
cebula tzebúla	Zwiebel
chrzan chschan	Meerrettich
cykoria tzikória	Chicorée

dynia dínja	Kürbis
fasola faßóla	Bohnen
fasola szparagowa faßóla schparagówa	Schnittbohnen
groch groch	Erbsen
grzyby gschíbi	Pilze
kalafior kaláfjor	Blumenkohl
kalarepa kalarépa	Kohlrabi
kapusta biała kapúßta bjáwa	Weißkohl
kapusta czerwona kapúßta tscherwóna	Rotkohl
kapusta kiszona kapúßta kischóna	Sauerkraut
kapusta włoska kapúßta wuóßka	Wirsing
kukurydza kukurídsa	Mais
kurki kúrki	Pfifferlinge
maślaki maschláki	Butterpilze
ogórek ogúrek	Gurke
papryka paprika	Paprika
pieczarki pjetschárki	Champignons
por por	Lauch
seler ßéler	Sellerie
szparagi schparági	Spargel
szpinak schpínak	Spinat

Sposoby przyrządzania

Zubereitungsarten

dobrze wypieczony dóbsche wipjetschóni	durchgebraten
duszony duschóni	gedünstet
faszerowany fascherowáni	gefüllt
gotowany gotowáni	gekocht
suszony ßuschóni	getrocknet
upieczony upjetschóni	gebacken
usmażony ußmaschóni	gebraten
wędzony wendsóni	geräuchert
z grilla sgríla	gegrillt
zapiekany sapjekáni	überbacken

Desery

Nachtisch

budyń kakaowy búdin kakawówi	Kakaopudding
galaretka cytrynowa galarétka tzitrinówa	Zitronengelee
jabłka pieczone jápka pjetschóne	Bratäpfel
kisiel porzeczkowy kíschjel poschetschkówi	geleeartige Johannisbeerspeise

kompot kómpot	Kompott
kompot z czereśni kómpot ßtscheréschni	Kirschkompott
kompot z gruszek kómpot sgrúschek	Birnenkompott
kompot z jabłek kómpot sjábwek	Apfelkompott
kompot z truskawek kómpot ßtrußkáwek	Erdbeerkompott
kompot ze śliwek kómpot seschlíwek	Pflaumenkompott
krem czekoladowy krem tschekoladówi	Schokoladencreme
krem kawowy krem kawówi	Kaffeecreme
krem waniliowy krem waniljówi	Vanillecreme
lód lut	Eis
mleczko waniliowe mlétschko waniljówe	Vanilleschaumcreme
poziomki z bitą śmietaną poschjómki sbíto schmjetáno	Walderdbeeren mit Schlagsahne
sałatka owocowa ßawátka owotzówa	Obstsalat
truskawki z bitą śmietaną trußkáfki sbíto schmjetáno	Erdbeeren mit Schlagsahne

Ciasto

Kuchen und Gebäck

babka bápka	Napfkuchen
babka piaskowa bápka pjaßkówa	Sandkuchen
ciastka z anyżkiem tschjáßtka saníschkjem	Anisplätzchen
makowiec makówjetz	Mohnkuchen
pączek póntschek	Krapfen
piernik pjérnik	Lebkuchen
placek ze śliwkami plátzek seschlifkámi	Pflaumenkuchen
ptysie z bitąśmietaną ptíschje sbíto schmjetáno	Windbeutel mit Schlagsahne
sernik ßérnik	Käsekuchen
tort tort	Torte
tort biszkoptowy tort bischkoptówi	Biskuittorte
tort czekoladowy tort tschekoladówi	Schokoladentorte
tort makowy tort makówi	Mohntorte
tort orzechowy tort oschechówi	Nusstorte

Sery

Käse

bryndza bríndsa	Schafskäse
ser edamski ßer edámßki	Edamer
ser ementalski ßer ementálßki	Emmentaler
ser szwajcarski ßer schwajtzárßki	Schweizer Käse
ser tylżycki ßer tilschítzki	Tilsiter
twaróg tfáruk	Quark

Owoce

Obst

agrest ágreßt	Stachelbeeren
arbuz árbuß	Wassermelone
brzoskwinia bschoßkwínja	Pfirsich
czarne jagody tschárne jagódi	Blaubeeren
czereśnie tscheréschnje	Kirschen
mandarynka mandarínka	Mandarine
śliwka schlífka	Pflaume
truskawki trußkáfki	Erdbeeren
winogrona winogróna	Weintrauben

Napoje bezalkoholowe

Alkoholfreie Getränke

lemoniada lemonjáda	Limonade
sok ßok	Saft
sok jabłkowy ßok japkówi	Apfelsaft
sok malinowy ßok malinówi	Himbeersaft
sok pomarańczowy ßok pomarantschówi	Orangensaft
sok pomidorowy ßok pomidorówi	Tomatensaft
sok winogronowy ßok winogronówi	Traubensaft
woda mineralna wóda minerálna	Mineralwasser
woda mineralna gazowana wóda minerálna gasowána	Mineralwasser mit Kohlensäure
woda mineralna niegazowana wóda minerálna njé-gasowána	Mineralwasser ohne Kohlensäure
woda mineralna z lodem wóda minerálna slódem	Mineralwasser mit Eis
woda sodowa wóda ßodówa	Soda

Napoje alkoholowe

Alkoholische Getränke

czysta tschíßta	klarer Schnaps
gorzka żołądkowa góschka schowontkówa	Magenbitter
grzane wino gscháne wíno	Glühwein
koniak kónjak	Kognak
lekkie lék-kje	leicht
likier líkjer	Likör
mocne mótzne	schwer
piwo píwo	Bier
piwo bezalkoholowe píwo beßalkoholówe	alkoholfreies Bier
piwo ciemne píwo tschjémne	dunkles Bier
piwo jasne píwo jáßne	helles Bier
piwo z beczki píwo sbétschki	Bier vom Fass
poncz pontsch	Punsch
rum rum	Rum
słodkie ßwótkje	lieblich
szampan schámpan	Champagner
wino wíno	Wein
wino białe wíno bjáwe	Weißwein
wino bladoróżowe wíno bladoruschówe	Rosé

wino czerwone wíno tscherwóne	Rotwein
wino musujące wíno mußujóntze	Schaumwein, Sekt
wódka wútka	Wodka
(pół-)wytrawne (puw-)witráwne	(halb)trocken

Napoje gorące

Heiße Getränke

gorąca czekolada gorόntza tschekoláda	heiße Schokolade
herbata herbáta	Tee
herbata z cytryną herbáta ßtzitríno	Tee mit Zitrone
herbata ziołowa herbáta schjowówa	Kräutertee
herbata z mlekiem herbáta smlékjem	Tee mit Milch
kawa káwa	Kaffee
kawa bezkofeinowa káwa beßkofe-inówa	koffeinfreier Kaffee
kawa ekspresowa káwa ekßpreßówa	Espresso
mleko mléko	Milch

Restaurantsuche

Wo gibt es hier in der Nähe ►	Gdzie tutaj jest w pobliżu ► gdschje tútaj jeßt fpoblíschu ►
► ein Café?	► kawiarnia? kawjárnja?
► ein preiswertes Restaurant?	► niedroga restauracja? njedróga reßtaurátzja?
► einen Schnell-imbiss?	► bar szybkiej obsługi? bar schípkjej opßwúgi?
Einen Tisch für ... Personen bitte.	Poproszę stół na ... osób. poprósche ßtuw na ... óßup.
Ist dieser Tisch noch frei?	Czy ten stolik jest jeszcze wolny? tschi ten ßtólik jeßt jéschtsche wólni?
Ist dieser Platz noch frei?	Czy to miejsce jest jeszcze wolne? tschi to mjéjßtze jeßt jéschtsche wólne?
Haben Sie einen Hochstuhl?	Czy macie państwo krzesełko dla dziecka? tschi mátschje pánßtfo kscheßéwko dla dschjétzka?
Entschuldigung, wo sind die Toiletten?	Przepraszam, gdzie są toalety? pscheprácham, gdschje ßo toaléti?

Info Wenn Sie einen Kellner rufen möchten, sagen Sie Proszę pana! prósche pána, und zu einer Kellnerin sagen Sie Proszę pani! prósche páni.

Bestellen

Ist hier Selbstbedienung?	Czy jest tutaj samoobsługa? tschi jeßt tútaj ßamo-opßwúga?
Die Karte bitte.	Poproszę jadłospis. poprósche jadwóßpiß.
Haben Sie die Speisekarte auch auf Deutsch?	Czy ma pan(i ♀) kartę dań po niemiecku? tschi ma pán(i ♀) kárte dán po njemjétzku?
Ich möchte nur etwas trinken.	Chciałbym się tylko czegoś napić. chtscháubim schje tílko tschégosch nápitsch.
Gibt es jetzt noch etwas zu essen?	Czy jest jeszcze coś do jedzenia? tschi jeßt jéschtsche tzosch do jedsénja?

Das könnten Sie hören:

Czego się pan(i ♀) napije?
tschégo schje pán(i ♀) napíje?
Was möchten Sie trinken?

Ich möchte ►	Poproszę ► poprósche ►
► ein Glas Rotwein.	► kieliszek czerwonego wina. kjelíschek tscherwonégo wína.
► eine Flasche Weißwein.	► butelkę białego wina. butélke bjawégo wína.
► einen halben Liter Hauswein.	► pół litra wina domowego. puw lítra wína domowégo.
► ein Bier.	► piwo. píwo.
► eine Karaffe Wasser.	► karafkę wody. karáfke wódi.
► eine Flasche Mineralwasser.	► butelkę wody mineralnej. butélke wódi minerálnej.
► eine Tasse Kaffee.	► filiżankę kawy. filischánke káwi.

Das könnten Sie hören:

Co pan(i ♀) sobie życzy?
tzo pán(i ♀) ßóbje schítschi?

Was möchten Sie essen?

Ich möchte ►	Poproszę ► poprósche ►
► das Menü zu ... Zloty.	► menu za ... złoty. méni sa ... swóti.
► eine Portion ...	► porcję ... pórtzje ...
Was ist heute das Tagesgericht?	Co jest dzisiaj daniem dnia? tzo jeßt dschíschjaj dánjem dnja?

Was sind die Spezialitäten dieser Region?	**Jakie są specjały z tego regionu?** jákje ßo ßpetzjáwi ßtégo regiónu?
Haben Sie ▸	**Czy macie państwo ▸** tschi mátschje pánßtfo ▸
▸vegetarische/ vegane Gerichte?	**▸dania jarskie/wegański?** dánja járßkje/wegánßki?
▸diabetische Kost?	**▸dania dla diabetyków?** dánja dla djabetíkuf?
Ist ... in dem Gericht? Ich darf das nicht essen.	**Czy w tej potrawie jest ...? Nie ♂ powinienem / ♀ powinnam tego jeść.** tschi ftej potráwje jeßt ...? nje ♂ powinjénem / ♀ powín-nam tégo jeschtsch.
Für mich bitte ohne ...	**Dla mnie proszę bez ...** dla mnje prósche bes ...
Kann ich ... statt ... haben?	**Czy ♂ mógłbym / ♀ mogłabym dostać ... zamiast ...?** tschi ♂ múgbim / ♀ mógwabim dóßtatsch ... sámjaßt ...?
Ich möchte noch etwas Brot.	**Poproszę jeszcze trochę chleba.** Poprósche jéschtsche tróche chléba.

Bitte bringen Sie mir noch ...	Proszę mi jeszcze przynieść ... prósche mi jéschtsche pschínjeschtsch ...
Bringen Sie uns bitte ein Extra-Gedeck für unser Kind.	Czy możemy proszę dostać dodatkowe nakrycie dla naszego dziecka? tschi moschémi prósche dóßtatsch dodatkówe nakrítschje dla naschégo dschjétzka?

Bei Tisch

Guten Appetit!	Smacznego! ßmatschnégo!
Danke, gleichfalls!	Dziękuję, nawzajem. dschjenkúje, nawsájem.
Zum Wohl!	Na zdrowie! na sdrówje!

Das könnten Sie hören:

Smakuje państwu? ßmakúje pánßtfu?
Schmeckt es Ihnen?

Danke, sehr gut.	Dziękuję, było bardzo dobre. dschjenkúje, bíwo bárdso dóbre.
Was ist das?	Co to jest? tzo to jeßt?

Ich möchte Sie einladen.	♂ Chciałbym / ♀ Chciałabym ♂ pana / ♀ panią zaprosić. ♂ chtscháubim / ♀ chtscháwabim ♂ pána / ♀ pánio sapróschitsch.
Danke für die Einladung.	Dziękuję za zaproszenie. dschjenkúje sa saproschénje.
Es war ausgezeichnet.	Było znakomicie. bíwo snakomítschje.

Reklamieren

Hier fehlt noch ...	Tutaj jeszcze brakuje ... tútaj jéschtsche brakúje ...
Das Essen ist ►	Jedzenie jest ► jedsénje jeßt ►
► kalt.	► zimne. schímne.
► versalzen.	► przesolone. pscheßolóne.
Das Fleisch ist nicht lang genug gebraten.	Mięso było za krótko smażone. mjénßo bíwo sa krútko ßmaschóne.
Bitte nehmen Sie es zurück.	Proszę to wziąć z powrotem. prósche to wschjontsch ßpowrótem.

Bezahlen

Die Rechnung bitte!	Poproszę rachunek! poprósche rachúnek!
Ich hätte gerne eine Quittung.	Poproszę pokwitowanie. poprósche pokfitowánje.
Bitte alles zusammen.	Proszę policzyć razem. prósche polítschitsch rásem.

Das könnten Sie hören:
Smakowało ♂ panu / ♀ pani?
ßmakowáwo ♂ pánu / ♀ páni?
Hat es Ihnen geschmeckt?

Es war ausgezeichnet.	Było znakomicie. bíwo snakomítschje.
Ich glaube, hier stimmt etwas nicht.	Według mnie coś się tutaj nie zgadza. wédwuk mnje tzosch schje tútaj nje sgádsa.
Es stimmt so.	Zgadza się. sgádsa schje.

Info Geht man in einer Gruppe essen, übernimmt eine Person die gesamte Rechnung samt Trinkgeld. Erst danach wird die Rechnung aufgeteilt. Etwa 10 Prozent Trinkgeld (napiwek napíwek) sind angemessen.

Weitere Wörter

Abendessen	**kolacja** kolátzja
Allergie	**alergia** alérgja
Aschenbecher	**popielniczka** popjelnítschka
Bedienung	**obsługa** opßwúga
Besteck	**sztućce** schtútschtze
bestellen	**zamówić** samúwitsch
bezahlen	**płacić** pwátschitsch
Brot	**chleb** chlep
Diät	**dieta** djéta
essen	**jeść** jeschtsch
Essen	**jedzenie** jedsénje
Essig	**ocet** ótzet
fett	**tłusty** twúßti
Fläschchenwärmer	**podgrzewacz do butelek** podgschéwatsch do butélek
Flasche	**butelka** butélka
Fleisch	**mięso** mjénßo
frisch	**świeży** schwjéschi
Frühstück	**śniadanie** schnjadánje
Gabel	**widelec** widéletz
Gang	**danie** dánje
Gedeck	**nakrycie** nakrítschje
Gemüse	**warzywa** waschíwa
Gericht	**potrawa** potráwa
Getränk	**napój** nápuj

getrennt bezahlen	płacić oddzielnie	pwátschitsch od-dschjélnje
Glas	szklanka	schklánka
Gräte	ość	oschtsch
Hauptgericht	danie główne	danje gwúwne
hausgemacht	po domowemu	po domowému
heiß	gorący	gorόntzi
kalt	zimny	schímni
Kellner	kelner	kélner
Kellnerin	kelnerka	kelnérka
Ketchup	keczup	kétschup
Kinderteller	porcja dziecięca	pórtzja dschjetschjéntza
Kneipe	knajpa	knájpa
Knoblauch	czosnek	tschóßnek
Löffel	łyżka	wíschka
mager	chudy	chúdi
Menü	jadłospis	jadwóßpiß
Messer	nóż	nusch
Mineralwasser mit Kohlensäure	woda mineralna gazowana	wóda minerálna gasowána
Mineralwasser ohne Kohlensäure	woda mineralna niegazowana	wóda minerálna njégasowana
Mittagessen	obiad	óbjat
Öl	olej	ólej
Pfeffer	pieprz	pjépsch
Portion	porcja	pórtzja
Restaurant	restauracja	reßtaurátzja

roh	surowy ßurówi
Rohkost	surówka ßurúfka
Sahne	śmietana schmjetána
Salz	sól ßul
Salzstreuer	solniczka ßolnítschka
sauer	kwaśny kwáschni
scharf	ostry óßtri
schmecken	smakować ßmakówatsch
Schonkost	dieta djéta
Senf	musztarda muschtárda
Serviette	serwetka ßerwétka
Soße	sos ßoß
Spezialität	specjalność ßpetzjálnoschtsch
Stück	kawałek kawáwek
süß	słodki ßwótki
Süßstoff	sacharyna ßacharína
Tasse	filiżanka filischánka
Tee	herbata herbáta
Teelöffel	łyżeczka wischétschka
Teller	talerz tálesch
trinken	pić pitsch
Trinkgeld	napiwek napíwek
vegan	wegański wegánßki
vegetarisch	jarski járßki
Wasser	woda wóda
Wein	wino wíno
Zahnstocher	wykałaczka wikawátschka
Zucker	cukier tzúkjer

Einkaufen

Fragen & Wünsche

Wo bekomme ich ...?	Gdzie dostanę ...? gdschje doßtáne ...?
Wie viel kostet das?	Ile to kosztuje? íle to koschtúje?
Was kostet ...?	Ile kosztuje ...? íle koschtúje ...?
Das ist mir zu teuer.	To jest mi za drogo. to jeßt mi sa drógo.
Machen Sie mir einen guten Preis!	Proszę mi zaoferować dobrą cenę! Prósche mi saoferówatsch dóbro tzéne!
Kann ich es etwas billiger bekommen?	♂ Mógłbym / ♀ Mogłabym to troche taniej dostać? ♂ múgwbim / ♀ mogwábim to tróche tánjej dostatsch?
Für ... nehme ich es.	Za ... wezmę to. sa ... wésme to.
Haben Sie auch etwas Preiswerteres?	Czy ma pan(i ♀) również coś korzystniejszego w cenie? tschi ma pán(i ♀) rúwnjesch tzosch koschißtnjejschégo ftzénje?
Haben Sie ein Sonderangebot?	Czy macie państwo ofertę specjalną? tschi mátschje pánßtfo oférte ßpetzjálno?

Kann ich mit (dieser) Kreditkarte zahlen?	**Czy mogę zapłacić (tą) kartą kredytową?** tschi móge sapwátschitsch (to) kárto kreditówo?
Ich hätte gerne eine Quittung.	**Poproszę pokwitowanie.** poprósche pokfitowánje.

Das könnten Sie hören:
Co pan(i ♀) sobie życzy?
tzo pán(i ♀) ßóbje schítschi?
Was wünschen Sie?

Czy mogę ♂ panu / ♀ pani pomóc?
tschi móge ♂ pánu / ♀ páni pómutz?
Kann ich Ihnen helfen?

Danke, ich sehe mich nur um.	**Dziękuję, ja tylko oglądam.** dschjenkúje, ja tílko oglóndam.
Ich hätte gerne ...	**♂ Chciałbym / ♀ Chciałabym ...** ♂ chtscháubim / ♀ chtscháwabim ...

Das könnten Sie hören:
Bardzo mi przykro, nie mamy już ...
bárdso mi pschíkro, nje mámi jusch ...
Es tut mir leid, wir haben keine ... mehr.

Das gefällt mir nicht so gut.	**To mi się tak bardzo nie podoba.** to mi schje tak bárdso nje podóba.
Können Sie mir noch etwas anderes zeigen?	**Czy może mi pan(i ♀) pokazać coś innego?** tschi mósche mi pán(i ♀) pokásatsch tzosch in-négo?
Ich muss mir das noch mal überlegen.	**Muszę się jeszcze nad tym zastanowić.** músche schje jéschtsche nát-tim saßtanówitsch.
Ich nehme es.	**Wezmę to.** wésme to.

Das könnten Sie hören:
Czy coś jeszcze? tschi tzosch jéschtsche?
Darf es sonst noch etwas sein?

Danke, das ist alles.	**Dziękuję, to wszystko.** dschjenkúje, to fschíßtko.
Haben Sie eine Tüte?	**Czy ma pan(i ♀) torebkę?** tschi ma pán(i ♀) torépke?
Ich möchte das umtauschen.	**♂ Chciałbym / ♀ Chciałabym to wymienić.** ♂ chtscháubim / ♀ chtscháwabim to wimjénitsch.

Weitere Wörter

Ausverkauf	**wyprzedaż** wipschédasch
billig	**tanio** tánio
billiger	**taniej** tánjej
geben	**dać** datsch
Geld	**pieniądze** pjenjóndse
Geschenk	**podarunek, prezent** podarúnek, présent
(zu) groß	**(za) duży** (sa) dúschi
größer	**większy** wjénkschi
kaufen	**kupić** kúpitsch
kontaktlos (Bezahlung)	**(płatność) zbliżeniowa** (pwátnoschtsch) sblischenjówa
kosten	**kosztować** koschtówatsch
Kreditkarte	**karta kredytowa** kárta kreditówa
Quittung	**pokwitowanie** pokfitowánje
Schaufenster	**wystawa** wißtáwa
Schlussverkauf	**wyprzedaż sezonowa** wipschédasch ßesonówa
Selbstbedienung	**samoobsługa** ßamo-obswúga
Sonderangebot	**oferta specjalna** oférta ßpetzjálna
(zu) teuer	**(za) drogi** (sa) drógi
Tüte	**torebka** torépka
umtauschen	**wymienić** wimjénitsch
zurückgeben	**oddać z powrotem** ód-datsch ßpowrótem

Geschäfte

Andenkenladen	**pamiątki** pamjóntki
Apotheke	**apteka** aptéka
Bäckerei	**piekarnia** pjekárnja
Bioladen	**sklep ekologiczny** ßklep ekologítschni
Blumengeschäft	**kwiaciarnia** kwjatschjárnja
Boutique	**butik** bútik
Buchhandlung	**księgarnia** kschjengárnja
Drogerie	**drogeria** drogérja
Einkaufszentrum	**centrum handlowe** tzéntrum handlówe
Feinkostgeschäft	**delikatesy** delikatéßi
Fischgeschäft	**sklep rybny** ßklep ríbni
Fleischerei	**sklep mięsny** ßklep mjénßni
Flohmarkt	**pchli targ** pchli tárk
Fotogeschäft	**sklep z artykułami fotograficznymi** ßklep sartikuwámi fotografitschními
Friseursalon	**salon fryzjerski** salon frisjerski
Gemüsehandlung	**sklep warzywniczy** sklep waschiwnítschi
Juweliergeschäft	**jubiler** jubíler
Kaufhaus	**dom towarowy** dom towarówi
Kiosk	**kiosk** kjóßk
Konditorei	**cukiernia** tzukjérnja

Lebensmittelgeschäft	**sklep spożywczy** ßklep ßposchíftschi
Lederwarengeschäft	**sklep z galanterią skórzaną** ßklep sgalantério ßkuscháno
Markt	**rynek, targ** rínek, tark
Musikgeschäft	**sklep muzyczny** ßklep musítschni
Obst und Gemüse	**owoce i warzywa** owótze i waschíwa
Optikfachgeschäft	**optyk** óptik
Parfümerie	**perfumeria** perfumérja
Reinigung	**pralnia chemiczna** prálnja chemítschna
Schreibwarengeschäft	**sklep z artykułami papierniczymi** ßklep sartikuwámi papjernitschími
Schuhgeschäft	**sklep z obuwiem** ßklep sobúwjem
Sportgeschäft	**sklep z artykułami sportowymi** ßklep sartikuwámi ßportowími
Supermarkt	**supermarket** ßupermárket
Tabakwaren	**wyroby tytoniowe** wiróbi titonjówe
Waschsalon	**pralnia samoobsługowa** prálnja ßamo-opswugówa
Wurstwaren	**wędliny** wendlíni
Zeitungsstand	**kiosk z gazetami** kjóßk sgasetámi

Lebensmittel

Was ist das?	**Co to jest?** tzo to jeßt?
Bitte ein Stück davon.	**Proszę jedną sztukę z tego.** prósche jédno schtúke ßtégo.
Bitte geben Sie mir ►	**Proszę ►** prósche ►
►100 Gramm ...	►**dziesięć deka ...** dschjéschjentsch déka ...
►1 Pfund ...	►**funt ...** funt ...
►1 Kilo ...	►**kilogram ...** kilógram ...
►1 Liter ...	►**litr ...** litr ...
►1 halben Liter ...	►**pół litra ...** puw lítra ...
►4 Scheiben ...	►**cztery plasterki ...** tschtéri plaßtérki ...
Kann ich probieren?	**Czy mogę spróbować?** tschi móge ßprubówatsch?

Weitere Wörter

alkoholfreies Bier	**piwo bezalkoholowe** píwo beßalkoholówe
Ananas	**ananas** anánaß
Apfel	**jabłko** jápko
Apfelsaft	**sok jabłkowy** sok japkówi

Aprikose	**morela** moréla
Artischocke	**karczoch** kártschoch
Aubergine	**bakłażan** bakwáschan
Avocado	**awokado** awokádo
Banane	**banan** bánan
Bier	**piwo** píwo
Birne	**gruszka** grúschka
Brokkoli	**brokuły** brokúwi
Brot	**chleb** chlep
Brötchen	**bułka** búwka
Butter	**masło** máßwo
Chicorée	**cykoria** tzikória
Ei	**jajko** jájko
Eis	**lód** lut
Erbsen	**groch** groch
Erdbeeren	**truskawki** trußkáfki
Erdnüsse	**orzeszki ziemne** oschéschki schjémne
Essig	**ocet** ótzet
Esskastanien	**kasztany jadalne** kaschtáni jadálne
Fisch	**ryba** ríba
Fleisch	**mięso** mjénßo
Geflügel	**drób** drup
gekochter Schinken	**szynka gotowana** schínka gotowána
Gemüse	**warzywa** waschíwa

Gewürze	**przyprawy** pschipráwi
Grieß	**kaszka** káschka
grüne Bohnen	**fasola szparagowa** faßóla schparagówa
Gurke (Salatgurke)	**ogórek** ogúrek
eingelegte Gurken	**ogórki kiszone** ogúrki kischóne
Hackfleisch	**mięso mielone** mjénßo mjelóne
Haferflocken	**płatki owsiane** pwátki ofschjáne
Hähnchen	**kurczak** kúrtschak
Haselnüsse	**orzechy laskowe** oschéchi laßkówe
Himbeeren	**maliny** malíni
Honig	**miód** mjud
Joghurt	**jogurt** jógurt
Kaffee	**kawa** káwa
Kakao	**kakao** kakáwo
Kalbfleisch	**cielęcina** tschjelentschína
Kartoffeln	**ziemniaki** schjemnjáki
Käse	**ser** ßer
Kekse	**herbatniki** herbatníki
Ketchup	**keczup** kétschup
Kirschen	**czereśnie** tscheréschnje
Kiwi	**kiwi** kíwi
Knoblauch	**czosnek** tschóßnek
Kohl	**kapusta** kapústa

Kotelett	**kotlet** kótlet
Kräuter	**zioła** schjówa
Kräutertee	**herbata ziołowa** herbáta schjowówa
Kuchen	**ciasto** tschjáßto
Lammfleisch	**jagnięcina** jagnjetschína
Lauch	**por** por
Limonade	**lemoniada** lemonjáda
Mais	**kukurydza** kukurídsa
Margarine	**margaryna** margarína
Marmelade	**dżem** dschem
Melone	**melon** mélon
Milch	**mleko** mléko
Mineralwasser (mit Kohlensäure)	**woda mineralna (gazowana)** wóda minerálna (gasowána)
Möhren	**marchewki** marchéfki
Müsli	**muesli** múßli
Nektarine	**nektarynka** nektarínka
Nudeln	**makaron** makáron
Obst	**owoce** owótze
Öl	**olej** ólej
Oliven	**oliwki** olífki
Olivenöl	**olej z oliwek** ólej solíwek
Ölsardinen	**sardynki w oleju** ßardínki woléju
Orange	**pomarańcza** pomarántscha
Orangensaft	**sok pomarańczowy** sok pomarantschówi

Oregano	**dziki majeranek** dschíki majeránek
Paprika (Gewürz)	**papryka w proszku** papríka fpróschku
Paprikaschote	**strąk papryki** ßtronk papríki
Peperoni	**papryka ostra** papríka óßtra
Petersilie	**pietruszka** pjetrúschka
Pfeffer	**pieprz** pjépsch
Pfirsich	**brzoskwinia** bschoßkwínja
Pflaume	**śliwka** schlífka
Pilze	**grzyby** gschíbi
Reis	**ryż** risch
Rindfleisch	**wołowina** wowowína
roher Schinken	**szynka surowa** schínka ßurówa
Rotwein	**wino czerwone** wíno tscherwóne
Saft	**sok** ßok
Sahne	**śmietana** schmjetána
Salami	**salami** ßalámi
Salat	**sałata** ßawáta
Salz	**sól** ßul
Schinken	**szynka** schínka
Schnittlauch	**szczypiorek** schtschipjórek
Schnitzel	**sznycel** schnítzel
Schokolade	**czekolada** tschekoláda
Schwarzbrot	**chleb razowy** chlep rasówi

Schweinefleisch	**wieprzowina** wjepschowína
Spargel	**szparagi** schparági
Spinat	**szpinak** schpínak
Steak	**befsztyk** béfschtik
Süßstoff	**sacharyna** ßacharína
Tee	**herbata** herbáta
Thunfisch	**tuńczyk** túntschik
Thymian	**tymianek** timjánek
Tomate	**pomidor** pomídor
Vollkornbrot	**chleb pełnoziarnisty** chlep pewnoschjarníßti
Walnuss	**orzech włoski** óschech wuóßki
Wassermelone	**arbuz** árbuß
Wein	**wino** wíno
Weintrauben	**winogrona** winogróna
Weißbrot	**biały chleb** bjáwi chlep
weiße Bohnen	**fasola biała** faßóla bjáwa
Weißwein	**wino białe** wíno bjáwe
Wurst(aufschnitt)	**wędlina (pokrojona)** wendlína (pokrojóna)
Würstchen	**kiełbaski** kjewbáßki
Zitrone	**cytryna** tzitrína
Zucchini	**cukinia** tzukínja
Zucker	**cukier** tzúkjer
Zwieback	**sucharki** ßuchárki
Zwiebel	**cebula** tzebúla

Kleidung

Ich suche ... | Szukam ... schúkam ...

Das könnten Sie hören:
Jaki rozmiar pan(i ♀) nosi?
jáki rósmjar pán(i ♀) nóschi?
Welche Größe haben Sie?

Ich habe Größe ... | Noszę rozmiar ... nósche rósmjar ...

Haben Sie das auch in Größe ...? | Czy ma pan(i ♀) to również w rozmiarze ...? tschi ma pán(i ♀) to rúwnjesch wrosmjásche ...?

Haben Sie das auch in einer anderen Farbe? ▸ *Farben, S. 126* | Czy ma pan(i ♀) to również w innym kolorze? tschi ma pán(i ♀) to rúwnjesch wín-nim kolósche?

Welches Material ist das? ▸ *Stoffe, S. 125* | Jaki to jest materiał? jáki to jeßt matérjau?

Wo sind die Umkleidekabinen? | Gdzie są kabiny do przebierania? gdschje so kabíni do pschebjeránja?

Kann ich das anprobieren?	Czy mogę to przymierzyć? tschi móge to pschimjéschitsch?
Wo ist ein Spiegel?	Gdzie jest lustro? gdschje jeßt lúßtro?
Es steht mir nicht.	W tym nie wyglądam dobrze. ftim nje wiglóndam dóbsche.
Das ist mir zu ►	To jest dla mnie za ► to jeßt dla mnje sa ►
► groß.	► duże. dúsche.
► klein.	► małe. máwe.
Das passt gut.	To pasuje. to paßúje.

Stoffe

Baumwolle	bawełna bawéwna
Filz	filc filtz
Fleece	watolina watolína
Kamelhaar	sierść wielbłądzia schjerschtsch wjelbwóndsja
Kaschmir	kaszmir káschmir
Leder	skóra ßkúra
Leinen	płótno pwútno
Mikrofaser	mikrofaza mikrofása
Naturfaser	włókno naturalne wúkno naturálne

reine Schurwolle	**żywa wełna** schíwa wéwna
Schafwolle	**wełna owcza** wéwna óftscha
Seide	**jedwab** jédwap
Synthetik	**sztuczny materiał** schtútschni matérjau
Wildleder	**zamsz** samsch
Wolle	**wełna** wéwna

Farben

beige	**beżowy** beschówi
blau	**niebieski** njebjéßki
braun	**brązowy** bronsówi
bunt	**kolorowy** kolorówi
dunkelblau	**ciemnoniebieski, granatowy** tschjemnonjebjéßki, granatówi
dunkelrot	**ciemnoczerwony** tschjemnotscherwóni
einfarbig	**jednokolorowy** jednokolorówi
gelb	**żółty** schúwti
golden	**złoty** swóti
grau	**siwy** schíwi
grün	**zielony** schjelóni
hellblau	**jasnoniebieski** jaßnonjebjéßki
lila	**fioletowy** fjoletówi
pink	**różowy** ruschówi
rosa	**różowy** ruschówi

rot	**czerwony** tscherwóni
schwarz	**czarny** tschárni
silbern	**srebrny** ßrébrni
türkis	**turkusowy** turkußówi
weiß	**biały** bjáwi

Weitere Wörter

Anzug	**garnitur** garnítur
Badeanzug	**strój kąpielowy** ßtruj kompjelówi
Badehose	**kąpielówki** kompjelúfki
Bademantel	**płaszcz kąpielowy** pwáschtsch kompjelówi
BH	**biustonosz** bjußtónosch
Bikini	**bikini** bikíni
Blazer	**blezer** bléser
Bluse	**bluzka** blúßka
Gürtel	**pasek** páßek
Handschuhe	**rękawiczki** renkawítschki
Hemd	**koszula** koschúla
Hose	**spodnie** ßpódnje
Hut	**kapelusz** kapélusch
Jackett	**marynarka** marinárka
Jeans	**dżinsy** dschínßi
Jogginghose	**spodnie do joggingu** ßpódnje do dschogíngu

Kleid	suknia ßúknja
Kostüm	kostium kóßtjum
Krawatte	krawat kráwat
kurz	krótki krútki
lang	długi dwúgi
Mantel	płaszcz pwaschtsch
Mütze	czapka tschápka
Pullover	sweter ßwéter
Regenmantel	peleryna pelerína
Reißverschluss	zamek błyskawiczny sámek bwißkawítschni
Rock	spódnica ßpudnítza
Sakko	marynarka marinárka
Schal	szal schal
Schlafanzug	piżama pischáma
Shorts	szorty schórti
Slip	slipy ßlípi
Socken	skarpety ßkarpéti
Sonnenhut	kapelusz na słońce kapélusch na swóntze
Strümpfe	pończochy pontschóchi
Strumpfhose	rajstopy rajßtópi
T-Shirt	koszulka (trykotowa) koschúlka (trikotówa)
Unterhemd	podkoszulek potkoschúlek
Unterwäsche	bielizna bjelísna
Weste	kamizelka kamisélka

Schuhe

Ich möchte ein Paar ... **Proszę o parę ...** prósche o páre ...

Das könnten Sie hören:
Jaki pan(i ♀) ma rozmiar butów?
jáki pán(i ♀) ma rósmjar bútuf?
Welche Schuhgröße haben Sie?

Ich habe Schuhgröße ... **Noszę numer buta ...** nósche númer búta ...

Sie sind zu ▸ **Te są za ▸** te ßo sa ▸
▸ groß. **▸ duże.** dúsche.
▸ klein. **▸ małe.** máwe.

Sie drücken hier. **Te mnie w tym miejscu uciskają.** te mnje ftim mjéjßtzu utschißkájo.

Weitere Wörter

Badeschuhe .... **buty do kąpieli** búti do kompjéli
Bergschuhe .... **buty trekkingowe** búti trekingówe
Einlegesohlen .... **wkładki do butów** fkwátki do bútuf

eng	ciasne tschjáßne
Größe	rozmiar rósmjar
Gummistiefel	kalosze kalósche
Halbschuhe	półbuty puwbúti
Ledersohle	podeszwa skórzana podéschfa ßkuschána
Pumps	czółenka tschuwénka
Sandalen	sandały ßandáwi
Schnürsenkel	sznurówki schnurúfki
Schuhcreme	pasta do butów páßta do bútuf
Schuhe	buty búti
Stiefel	kozaki kosáki
Turnschuhe	tenisówki tenißúfki
Wanderschuhe	buty turystyczne búti turißtítschne
Wildleder	zamsz samsch

Souvenirs

Ich möchte ►	Poproszę ► poprósche ►
► ein hübsches Andenken.	► ładną pamiątkę. wádno pamjóntke.
► ein Geschenk.	► prezent. présent.
► etwas Typisches aus dieser Gegend.	► coś typowego z tego regionu. tzosch tipowégo ßtégo regjónu.

Ist das ►	Czy to jest ► tschi to jeßt ►
► antik?	► antyk? ántik?
► echt?	► oryginał? orygínau?

Weitere Wörter

Andenken	pamiątka pamjóntka
Becher	kubek kúbek
Bernstein	bursztyn búrschtin
Decke (Überwurf)	narzuta naschúta
gehäkelt	robione szydełkiem robjóne schidéwkjem
Gürtel	pasek páßek
Handarbeit	praca ręczna prátza réntschna
handgestrickt	robione ręcznie na drutach robjóne réntschnje na drútach
Handtasche	torebka torépka
Keramik	ceramika tzeramíka
Klöppelspitze	koronka klockowa korónka klotzkówa
Korbwaren	wyroby koszykarskie wirói koschikárßkje
Kunsthandwerk	rzemiosło artystyczne schemjóßwo artißtítschne
Osterei (bemalt)	pisanka pißánka
Scherenschnitt	wycinanka witschinánka
Schmuck	biżuteria bischutérja
Stickerei	haftowanie haftowánje

Töpferwaren .... wyroby garncarskie wiróbi garntzárßkje
Trachtenkostüm .... strój ludowy ßtruj ludówi
Trachtenpuppe .... lalka w stroju ludowym lálka fßtróju ludówim
Vase .... waza wása
Weihnachtskrippe .... szopka schópka
Zertifikat .... certyfikat tzertifíkat

Drogerieartikel

Babyfläschchen .... butelka dla niemowlaka butélka dla njemowláka
Babypuder .... puder dla niemowląt púder dla njemowlónt
Binden (Damenbinden) .... podpaski higieniczne podpáßki higjenítschne
Bürste .... szczotka schtschótka
COVID-19 (Antigen-) Schnelltest .... szybkiego testu na COVID-19 (antygen) schípkjego testu na korona (antigen)
Deo .... dezodorant desodórant
Duschgel .... żel pod prysznic schel pot príschnitz
elektrische Zahnbürste .... elektryczna szczoteczka do zębów elektrítschna schtschotétschka do sémbuf

feuchte Tücher	**wilgotne chusteczki** wilgótne chußtétschki
Haargel	**żel do włosów** schel do wuóßuf
Haargummi	**gumka do włosów** gúmka do wuóßuf
Haarspange	**klamra do włosów** klámra do wuóßuf
Haarspray	**lakier do włosów** lákjer do wuóßuf
Handcreme	**krem do rąk** krem do ronk
Händedesinfektions-gel	**żel dezynfekujący** schel desinfekujóntzi
Kajalstift	**kredka do oczu** krétka do ótschu
Kamm	**grzebień** gschébjen
Kondome	**kondomy** kondómi
Körperlotion	**mleczko kosmetyczne** mlétschko koßmetítschne
Kosmetiktücher	**chusteczki kosmetyczne** chußtétschki koßmetítschne
Lichtschutzfaktor	**wskaźnik ochrony przeciwsłonecznej** fßkáschnik ochróni pschetschifßwonétschnej
Lippenpflegestift	**pomadka natłuszczająca** pomátka natwuschtschajóntza
Lippenstift	**pomadka do ust** pomátka do ußt
(medizinische/FFP2-) Maske	**maska (medyczna/FFP2)** maska meditschna/ef-ef-pe-dwa

Mückenschutz	**środek przeciw komarom** schródek pschétschif komárom
Nachtcreme	**krem na noc** krem na notz
Nagelbürste	**szczoteczka do paznokci** schtschotétschka do pasnóktschi
Nagelfeile	**pilnik do paznokci** pílnik do pasnóktschi
Nagellack	**lakier do paznokci** lákjer do pasnóktschi
Nagellackentferner	**zmywacz do paznokci** smíwatsch do pasnóktschi
Nagelschere	**nożyczki do paznokci** noschítschki do pasnóktschi
Papiertaschentücher	**chusteczki higieniczne** chußtétschki higjenítschne
Parfüm	**perfumy** perfúmi
parfümfrei	**bez zapachu** beß sapáchu
Pflaster	**plaster** pláßter
Pinzette	**pincetka** pintzétka
Rasierklinge	**żyletka do golenia** schilétka do golénja
Rasierschaum	**pianka do golenia** pjánka do golénja
Reinigungsmilch	**mleczko kosmetyczne do czyszczenia (twarzy)** mlétschko koßmetítschne do tschischtschénja (tfáschi)

Rouge	**róż** rusch
Schnuller	**smoczek** ßmótschek
Seife	**mydło** mídwo
Shampoo	**szampon** schámpon
Sonnencreme	**krem do opalania** krem do opalánja
Sonnenmilch	**mleczko do opalania** mlétschko do opalánja
Spiegel	**lustro** lúßtro
Tagescreme	**krem na dzień** krem na dschjen
Tampons	**tampony** tampóni
Toilettenpapier	**papier toaletowy** pápjer toaletówi
Waschlappen	**myjka** míjka
Waschmittel	**środek do prania** schródek do pránja
Watte	**wata** wáta
Wattestäbchen	**pałeczki higieniczne** pawétschki higjenítschne
Wimperntusche	**tusz do rzęs** tusch do schens
Zahnbürste	**szczoteczka do zębów** schtschotétschka do sémbuf
Zahnpasta	**pasta do zębów** páßta do sémbuf
Zahnseide	**nitka do zębów** nítka do sémbuf
Zahnstocher	**wykałaczka** wikawátschka

Haushalt

Adapter	adapter adápter
Alufolie	folia aluminiowa fólja aluminjówa
Batterie	bateria batérja
Besen	miotła mjótwa
Brennspiritus	denaturat denatúrat
Dosenöffner	otwieracz do puszek otwjératsch do púschek
Eimer	wiadro wjádro
Feuerzeug	zapalniczka sapalnítschka
Flaschenöffner	otwieracz do butelek otwjératsch do butélek
Fleckenentferner	wywabiacz plam wiwábjatsch plam
Föhn	suszarka do włosów ßuschárka do wuóßuf
Frischhaltefolie	folia samoprzylepna fólja ßamopschilépna
Gabel	widelec widéletz
Glas	szklanka schklánka
Glühlampe	żarówka scharúfka
Grillanzünder	rozpalacz do grilla roßpálatsch do gríla
Grillkohle	węgiel do grilla wéngjel do gríla

Insektenspray	spray przeciw insektom ßpraj pschétschif inßéktom
Kerzen	świeczki schwjétschki
Korkenzieher	korkociąg korkótschjong
Küchenrolle	papier kuchenny pápjer kuchén-ni
Löffel	łyżka wíschka
Messer	nóż nusch
Moskitospirale	spirala przeciw komarom ßpirála pschétschif komárom
Nähgarn	nić do szycia nitsch do schítschja
Nähnadel	igła do szycia ígwa do schítschja
Pfanne	patelnia patélnja
Plastikbecher	kubek plastikowy kúbek plaßtikówi
Plastikbesteck	sztućce plastikowe schtútschtze plaßtikówe
Plastikteller	talerz plastikowy tálesch plaßtikówi
Rasierapparat	aparat do golenia apárat do golénja
Reinigungsmittel	środek do czyszczenia schródek do tschischtschénja
Schere	nożyczki noschítschki
Servietten	serwetki ßerwétki

Sicherheitsnadel	agrafka agráfka
Spülmittel	płyn do zmywania pwin do smiwánja
Spültuch	ściereczka do mycia schtschjerétschka do mítschja
Streichhölzer	zapałki sapáuki
Taschenlampe	latarka kieszonkowa latárka kjeschonkówa
Taschenmesser	scyzoryk ßtzisórik
Tasse	filiżanka filischánka
Tauchsieder	grzałka gschäwka
Teller	talerz tálesch
Thermosflasche	termos térmoß
Topf	garnek gárnek
Verlängerungs-schnur	przedłużacz pschedwúschatsch
Wäscheklammern	spinacze do bielizny ßpinátsche do bjelísni
Wäscheleine	sznur na bieliznę schnur na bjelísne
Waschpulver	proszek do prania próschek do pránja
Wasserkocher	elektryczny czajnik do wody elektrítschni tschájnik do wódi
Wecker	budzik búdschik
Wischlappen	ścierka do podłogi schtschjérka do podwógi

Optikfachgeschäft

Können Sie das reparieren?	Czy ♂ mógłby pan / ♀ mogłaby pani to naprawić? tschi ♂ múgbi pan / ♀ mógwabi páni to napráwitsch?
Ich möchte eine Sonnenbrille.	♂ Chciałbym / ♀ Chciałabym okulary przeciwsłoneczne. ♂ chtscháubim / ♀ chtschāwabim okulári pschétschif-ßwonétschne.
Ich brauche Eintageslinsen.	Poproszę szkła kontaktowe jednodniowe. poprósche schkwa kontaktówe jednodnjówe.
Ich bin kurzsichtig.	Jestem krótkowidzem. jéßtem krutkowídsem.
Ich bin weitsichtig.	Jestem dalekowidzem. jéßtem dalekowídsem.

Das könnten Sie hören:
Ile ma pan(i ♀) dioptrii?
íle ma pán(i ♀) djóptrji?
Wie viel Dioptrien haben Sie?

Ich habe links ... Dioptrien und rechts ... Dioptrien.	**Na lewym oku mam ... dioptrie, a na prawym ... dioptrie.** na léwim óku mam ... djóptrje, a na práwim ... djóptrje.
Ich habe eine Kontaktlinse verloren.	**♂ Zgubiłem / ♀ Zgubiłam jedną soczewkę kontaktową.** ♂ sgubíwem / ♀ sgubíwam jédno ßotschéfke kontaktówo.
Ich brauche Aufbewahrungslösung für ▸ Kontaktlinsen.	**Potrzebuję płyn konserwujący do ▸ soczewek.** potschebúje pwin konßerwujóntzi do ▸ ßotschéwek.
▸ harte	**▸ twardych** twárdich
▸ weiche	**▸ miękkich** mjénk-kich
Ich brauche Reinigungslösung für Kontaktlinsen.	**Potrzebuję płyn do czyszczenia soczewek.** potschebúje pwin do tschischtschénja ßotschéwek.

Tabakwaren

Eine Schachtel Zigaretten ▸, bitte.	**Poproszę jedną paczkę papierosów ▸** poprósche jédno patschke papjeróßuf ▸
▸ mit Filter	**▸ z filtrem.** ßfíltrem.
▸ ohne Filter	**▸ bez filtra.** beß fíltra.

Ein Päckchen ►, bitte.	**Proszę paczkę ►** prósche pátschke ►
►Pfeifentabak	**►tytoniu do fajki.** titónju do fájki.
►Zigarettentabak	**►tytoniu.** titónju.
Eine Schachtel ..., bitte.	**Proszę paczkę ...** prósche pátschke ...
Eine Stange ..., bitte.	**Proszę karton ...** prósche kárton ...
Ein Feuerzeug, bitte.	**Proszę zapalniczkę.** prósche sapalnítschke.
Einmal Streichhölzer, bitte.	**Proszę pudełko zapałek.** prósche pudéwko sapáwek.

Weitere Wörter

Aschenbecher	**popielniczka** popjelnítschka
Pfeife	**fajka** fájka
Pfeifenreiniger	**przetyczka do fajki** pschetítschka do fájki
Streichhölzer	**zapałki** sapáuki
Tabak	**tabaka** tabáka
Zigaretten	**papierosy** papjeróßi
Zigarillos	**cygaretki** tzigarétki
Zigarren	**cygara** tzigára

Aktivitäten

Sport & Wellness

Baden

Wo geht es zum Strand?	**Którędy idzie się na plażę?** kturéndi ídschje schje na pláschе?
Darf man hier baden?	**Czy można się tu kąpać?** tschi móschna schje tu kómpatsch?
Gibt es hier Strömungen?	**Czy są tu prądy?** tschi ßo tu próndi?
Ist es für Kinder gefährlich?	**Czy to niebezpieczne dla dzieci?** tschi to njebeßpjétschne dla dschjétschi?
Gibt es hier Quallen?	**Czy są tu meduzy?** tschi ßo tu medúsi?
Ich möchte ▸ ausleihen.	**♂ Chciałbym / ♀ Chciałabym wynająć ▸** ♂ chtscháubim / ♀ chtschláwabim winájontsch ▸
▸ einen Liegestuhl	▸ **leżak.** léschak.
▸ einen Sonnenschirm	▸ **parasol.** paráßol.
▸ ein Boot	▸ **łódkę.** wútke.

Wie viel kostet es pro ►	Ile to kosztuje za ► íle to koschtúje sa ►
► Stunde?	► godzinę? godschíne?
► Tag?	► dzień? dschjen?
Können Sie kurz auf meine Sachen aufpassen?	Czy może pan(i ♀) przypilnować chwilę moich rzeczy? tschi mósche pán(i ♀) pschipilnówatsch chfíle móich schétschi?
Gibt es hier ein ►	Czy jest tutaj ► tschi jeßt tútaj ►
► Freibad?	► basen? báßen?
► Hallenbad?	► basen kryty? báßen kríti?
Gibt es auch ein Kinderbecken?	Czy jest także basen dla dzieci? tschi jeßt tágsche báßen dla dschjétschi?
Ich möchte ► kaufen.	♂ Chciałbym / ♀ Chciałabym kupić ► ♂ chtscháubim / ♀ chtschráwabim kúpitsch ►
► eine Schwimmbrille	► okulary do pływania. okulári do pwiwánja.
► ein Handtuch	► ręcznik. réntschnik.
Wo sind die ►	Gdzie są ► gdschje ßo ►
► Duschen?	► prysznice? prischnítze?
► Umkleidekabinen?	► przebieralnie? pschebjerálnje?

Wo ist ▸	Gdzie jest ▸ gdschje jeßt ▸
▸ der Bademeister/ die Bademeisterin?	▸ ratownik/ratownika? ratównik/ratownika?
▸ die Erste-Hilfe-Station?	▸ punkt pierwszej pomocy? punkt pjérfschej pomótzi?

Weitere Wörter

baden	kąpać się kómpatsch schje
Bootsverleih	wypożyczalnia łodzi wiposchitschálnja wódschi
Dusche	prysznic príschnitz
Ebbe	odpływ ótpwif
fischen	łowić wówitsch
FKK-Strand	plaża dla nudystów pláscha dla nudíßtuf
Flut	przypływ pschípwif
Kitesurfen	kitesurfing kajtßérfink
Luftmatratze	materac do nadmuchiwania matératz do nadmuchiwánja
Meer	morze mósche
Motorboot	motorówka motorúfka
Muscheln	muszle múschle
Nichtschwimmer	osoba nieumiejąca pływać oßóba njeumjejóntza pwíwatsch
Rettungsring	koło ratunkowe kówo ratunkówe

Ruderboot	**łódź** wudsch
Sand	**piasek** pjáßek
Sandstrand	**plaża piaszczysta** pláscha pjaschtschíßta
Schatten	**cień** tschjen
Schlauchboot	**ponton** pónton
Schnorchel	**rurka do oddychania** rúrka do od-dichánja
Schwimmbad	**basen** báßen
schwimmen	**pływać** pwíwatsch
Schwimmflossen	**płetwy** pwétfi
Schwimmflügel	**rękawki do pływania** renkáfki do pwiwánja
See	**jezioro** jeschjóro
Seeigel	**jeżowiec** jeschówjets
Segelboot	**żaglówka** schaglúfka
segeln	**żeglować** scheglówatsch
Sonne	**słońce** ßwóntze
Sonnenbrille	**okulary przeciwsłoneczne** okulári pschétschif-ßwonétschne
Sonnencreme	**krem do opalania** krem do opalánja
Sprungbrett	**trampolina** trampolína
Strandbad	**kąpielisko** kompjelíßko
Strandkorb	**kosz plażowy** kosch plaschówi
Sturmwarnung	**ostrzeżenie przed burzą** oßtscheschénje psched búscho

Surfbrett	deska do surfowania déßka do ßurfowánja
tauchen	nurkować nurkówatsch
Tauchausrüstung	sprzęt do nurkowania ßpschent do nurkowánja
Tauchbrille	okulary do nurkowania okulári do nurkowánja
Tretboot	rower wodny rówer wódni
Umkleidekabine	szatnia schátnja
Wasser	woda wóda
Wasserball	piłka wodna píwka wódna
Wasserski	narty wodne nárti wódne
Welle	fala fála

Wellness

Gibt es hier ►	Czy jest tutaj ► tschi jeßt tútaj ►
► eine Therme?	► terma? térma?
► eine Sauna?	► sauna? ßáuna?
► ein Fitnessstudio?	► studio fitnesu? ßtúdjo fitnéßu?
Ich hätte gerne einen Termin für ...	♂ Chciałbym / ♀ Chciałabym termin na ... ♂ chtscháubim / ♀ chtschávabim términ na ...

Ich hätte gerne eine Gesichtsbehandlung.	♂ Chciałbym / ♀ Chciałabym zrobić zabieg kosmetyczny twarzy. ♂ chtscháubim / ♀ chtscháwabim sróbitsch sábjek koßmetítschni tfáschi.
Ich möchte mir die ► färben lassen.	♂ Chciałbym / ♀ Chciałabym zrobić hennę na ► ♂ chtscháubim / ♀ chtschávabim sróbitsch hén-ne na ►
► Wimpern	► rzęsy. schénßi.
► Augenbrauen	► brwi. brwi.
Bitte eine Maniküre.	Poproszę manicure. poprósche manikjúr.
Bitte eine Pediküre.	Poproszę pedicure. poprósche pedikjúr.

Weitere Wörter

Akupunktur	akupunktura akupunktúra
Ampullenkur	kuracja ampułkowa kurátzja ampuwkówa
Ayurveda	ayurweda ajurwéda
Dampfbad	kąpiel parowa kómpjel parówa

Dekolleté	**dekolt** dékolt
Fango	**fango** fángo
Feuchtigkeitsmaske	**maseczka nawilżająca** maßétschka nawilschajóntza
Fußreflexzonenmassage	**punktowy masaż stóp, refleksoterapia** punktówi máßasch ßtup, reflekßoterápja
Gesicht	**twarz** tfasch
Hals	**szyja** schíja
Heubad	**kąpiel w sianie** kómpjel fschánje
Kaltwasseranwendungen	**hydroterapia (zimną wodą)** hidroterápja (schímno wódo)
Kneipp-Anwendung	**zastosowanie metody Kneippa** saßtoßowánje metódi knájpa
Lymphdrainage	**udrażnianie limfatyczne** udraschnjánje limfatítschne
Maske	**maseczka** maßétschka
Massage	**masaż** máßasch
Meditation	**medytacja** meditátzja
Packung	**paczka** pátschka
Peeling	**peeling** píling
Reinigung	**pralnia** prálnja
Sauna	**sauna** ßáuna
Schlammbad	**kąpiel błotna** kómpjel bwótna
Solarium	**solarium** ßolárjum

Thermalbad	**kąpiel gorąca** kómpjel gorόntza
Wechselbäder	**kąpiele przemienne** kompjéle pschemjén-ne
Whirlpool	**jacuzzy** dschakúsi
Yoga	**joga** jóga

Ballspiele

Wir hätten gern einen Squashcourt für eine halbe Stunde.	**Chcielibyśmy wynająć kort do squasha na pół godziny.** chtschjélibischmi winájontsch kort do ßkwóscha na puw godschíni.
Wir hätten gern einen ► für eine Stunde.	**Chcielibyśmy wynająć ► na godzinę.** chtschjélibischmi winájontsch ► na godschíne.
► Tennisplatz	► **kort tenisowy** kort tenißówi
► Badmintonplatz	► **kort do badmintona** kort do badmintóna
Wo kann man hier ► spielen?	**Gdzie można tutaj pograć ►** gdschje móschna tútaj pógratsch ►
► Bowling	► **w kręgle?** fkréngle?
► Billard	► **w bilarda?** wbilárda?

Ich möchte ... ausleihen.	♂ Chciałbym / ♀ Chciałabym wypożyczyć ... ♂ chtscháubim / ♀ chtscháwabim wiposchítschitsch ...

Weitere Wörter

Badminton	badminton badmínton
Ball (klein)	piłeczka piwétschka
Ball (größer)	piłka píwka
Basketball	koszykówka koschikúfka
Beachvolleyball	siatkówka plażowa schjatkúfka plaschówa
Boule-Kugel	kula do boule kúla do bul
Federball (Ball)	lotka lótka
Federball (Spiel)	badminton badmínton
Federballschläger	rakietka do badmintona rakjétka do badmintóna
Fußball (Ball)	piłka nożna píwka nóschna
Fußballplatz	boisko boísko
Fußballspiel	mecz piłki nożnej metsch píwki nóschnej
gewinnen	wygrać wígratsch
Golf	golf golf
Golfball	piłka golfowa píwka golfówa
Golfplatz	plac golfowy platz golfówi
Golfschläger	kij golfowy kij golfówi

Handball	**piłka ręczna** píwka réntschna
Kegelbahn	**kręgielnia** krengjélnja
kegeln	**grać w kręgle** gratsch fkréngle
Mannschaft	**drużyna** druschína
Minigolfplatz	**pole minigolfowe** póle minigolfówe
Sieg	**zwycięstwo** switschjénßtfo
Spiel (Wettkampf)	**mecz** metsch
spielen	**grać** gratsch
Spielplatz	**plac zabaw** platz sábaf
Squash	**squash** ßkwosch
Squashball	**piłka do squasha** píwka do ßkwóscha
Squashschläger	**rakieta do squasha** rakjéta do ßkwóscha
Tennis	**tenis** téniß
Tennisball	**piłka tenisowa** píwka tenißówa
Tennisschläger	**rakieta tenisowa** rakjéta tenißówa
Tischtennis	**tenis stołowy** téniß ßtowówi
Tor	**bramka** brámka
Tor (Treffer)	**gol** gol
unentschieden	**remis** rémiß
verlieren	**przegrać** pschégratsch
Volleyball	**siatkówka** schjatkúfka

Wandern

Ich möchte nach ... wandern.	♂ Chciałbym / ♀ Chciałabym zrobić wycieczkę pieszą do ... ♂ chtscháubim / ♀ chtschávabim srobítsch witschjétschke pjéscho do ...
Ich möchte auf den ... steigen.	♂ Chciałbym / ♀ Chciałabym wspiąć się na ... ♂ chtscháubim / ♀ chtschávabim fßpjontsch schje na ...
Können Sie mir eine ▸ Tour empfehlen?	Czy może mi pan(i ♀) polecić jakąś ▸ wędrówkę? tschi mósche mi pán(i ♀) polé-tschitsch jákonsch ▸ wendrúfke?
▸ leichte	▸ lekką lék-ko
▸ mittelschwere	▸ nie za ciężką nje sa tschjénschko
Wie lange dauert sie ungefähr?	Ile mniej więcej potrwa ta wędrówka? íle mnjej wjéntzej pótrwa ta wendrúfka?
Ist der Weg gut markiert?	Czy ten szlak jest dobrze oznaczony? tschi ten schlak jeßt dóbsche osnatschóni?
Kann man unterwegs einkehren?	Czy po drodze są jakieś schroniska? tschi po dródse ßo jákjesch ßchroníßka?

Gibt es geführte Touren?	**Czy są wędrówki z przewodnikiem?** tschi ßo wendrúfki ßpschewodníkjem?
Um wie viel Uhr fährt die letzte Bahn hinunter?	**O której godzinie odjeżdża ostatnia kolejka w dół?** oktúrej godschínje odjéschdscha oßtátnja koléjka wduw?
Sind wir auf dem richtigen Weg nach ...?	**Czy to prawidłowa droga do ...?** tschi to prawidwówa dróga do ...?
Wie weit ist es noch bis ...?	**Jak daleko jeszcze do ...?** jak daléko jéschtsche do ...?

Weitere Wörter

Berg	**góra** gúra
Bergschuhe	**buty górskie** búti gúrßkje
Bergsteigen	**wspinaczka** fßpinátschka
Bergwacht	**ratownictwo górskie** ratofnítstfo gúrßkje
Gipfel	**szczyt** schtschit
Hütte	**chata** cháta
Proviant	**prowiant** prówjant
Schlucht	**wąwóz** wónwuß
Schutzhütte	**schronisko** ßchroníßko

schwindelfrei sein	nie cierpieć na zawroty głowy nje tschjérpjetsch na sawróti gwówi
Seil	lina lína
Seilbahn	kolejka linowa koléjka linówa
Sessellift	wyciąg krzesełkowy wítschjong kscheßewkówi
Steigeisen	raki ráki
Teleskopstöcke	kijki teleskopowe kíjki teleßkopówe
Wanderkarte	mapa turystyczna mápa turißtítschna
Wanderschuhe	buty turystyczne búti turißtítschne
Wanderweg	szlak turystyczny schlak turißtítschni

Rad fahren

Ich möchte ein ► mieten.	♂ Chciałbym / ♀ Chciałabym wypożyczyć ► ♂ chtscháubim / ♀ chtscháwabim wiposchítschitsch ►
► Fahrrad	► rower. rówer.
► E-Bike	► E-rower. é rower.
► Mountainbike	► rower górski. rówer gúrßki.

Ich hätte gern ein Fahrrad mit ... Gängen.	**Poproszę rower z ... przerzutkami.** poprósche rówer s ... pscheschutkámi.
Haben Sie auch ein Fahrrad mit Rücktritt?	**Czy ma pan(i ♀) również rower z hamulcem pedałowym?** tschi ma pán(i ♀) rúwnjesch rówer ßhamúltzem pedawówim?
Ich möchte es für ▸ mieten.	**♂ Chciałbym / ♀ Chciałabym to wypożyczyć na ▸** ♂ chtscháubim / ♀ chtschawabim to wiposchítschitsch na ▸
▸ einen Tag	**▸ jeden dzień.** jéden dschjen.
▸ zwei Tage	**▸ dwa dni.** dwa dni.
Bitte stellen Sie mir die Sattelhöhe ein.	**Proszę mi nastawić wysokość siodełka.** prósche mi naßtáwitsch wißókoschtsch schjodéwka.
Bitte geben Sie mir einen Fahrradhelm.	**Proszę dać mi kask rowerowy.** prósche datsch mi kaßk rowerówi.
Haben Sie eine Fahrradkarte?	**Czy ma pan(i ♀) mapę rowerową?** tschi ma pán(i ♀) mápe rowerówo?

Weitere Wörter

Akku	paczka baterii pátschka batérji
Fahrradflickzeug	łatki do opon wátki do ópon
Fahrradkorb	kosz na rower kosch na rówer
Handbremse	hamulec ręczny hamúletz réntschni
Kinderfahrrad	rower dla dziecka rówer dla dschjétzka
Kindersitz	siodełko dla dziecka schjodéwko dla dschjétzka
Lampe	lampa lámpa
Licht	światło schfjátwo
Luftpumpe	pompka do roweru pómpka do rowéru
Radweg	droga rowerowa dróga rowerówa
Reifen	opona opóna
Reifenpanne	uszkodzenie opony uschkodsénje opóni
Rücklicht	światło wsteczne schfjátwo fßtétschne
Sattel	siodełko schjodéwko
Satteltaschen	torby przy siodełku tórbi pschi schjodéwku
Schlauch	dętka déntka
Tacho	prędkościomierz prentkoschtschjómjesch

Ventil	**zawór** sáwur
Vorderlicht	**światło przednie** schfjátwo pschédnje

Wintersport

Ich möchte einen Skipass für ►	**♂ Chciałbym / ♀ Chciałabym karnet narciarski na ►** ♂ chtscháubim / ♀ chtscháwabim kárnet nartschjárßki na ►
► einen halben Tag.	**► pół dnia.** puw dnja.
► einen Tag.	**► jeden dzień.** jéden dschjen.
► zwei Tage.	**► dwa dni.** dwa dni.
► eine Woche.	**► tydzień.** tídschjen.
Ich möchte ► ausleihen.	**♂ Chciałbym / ♀ Chciałabym wynająć ►** ♂ chtscháubim / ♀ chtscháwabim winájontsch ►
► Alpinski	**► narty zjazdowe.** nárti sjasdówe.
► Skischuhe Größe ...	**► buty narciarskie w rozmiarze ...** búti nartschjárßkje w rosmjásche ...
► ein Snowboard	**► snowboard.** ßnóubort.
► Langlaufski	**► narty biegowe.** nárti bjegówe.
► Langlaufschuhe Größe ...	**► buty do nart biegowych w rozmiarze ...** búti do nart bjegówich w rosmjásche ...

▸ Schlittschuhe Größe ...	▸ **łyżwy w rozmiarze ...** wischwi w rosmjásche ...
▸ einen Schlitten	▸ **sanki.** ßánki.
Bis wie viel Uhr gehen die Lifte?	**Do której godziny czynne są wyciągi?** do ktúrej godschíni tschín-ne ßo witschjóngi?
Wann ist die letzte Talfahrt?	**Kiedy jest ostatnia jazda w dół?** kjédi jeßt oßtátnja jásda wduw?
Gibt es eine Skischule für Kinder?	**Czy jest szkółka narciarska dla dzieci?** tschi jest schkówa nartschjárska dla dsjétschi?

Weitere Wörter

Bindung	**wiązanie** wjonsánje
Eisstockschießen	**curling** kárling
Langlauf	**bieg narciarski** bjek nartschjárßki
Lawine	**lawina** lawína
Lawinengefahr	**niebezpieczeństwo lawiny** njebeßpjetschénßtwo lawíni
Loipe	**trasa biegu narciarskiego** tráßa bjégu nartschjarßkjégo
Rodelbahn	**tor saneczkowy** tor ßanetschkówi
rodeln	**jeździć na sankach** jéschdschitsch na ßánkach

Schlepplift .... **wyciąg orczykowy** wítschjong ortschikówi
Schnee .... **śnieg** schnjek
Sessellift .... **wyciąg krzesełkowy** wítschjong kscheßewkówi
Skibrille .... **okulary narciarskie** okulári nartschjárßkje
Skilehrer(in) .... **instruktor(ka) jazdy na nartach** inßtrúktor(ka) jásdi na nártach
Skistöcke .... **kijki narciarskie** kíjki nartschjárßkje
Skiwachs .... **smar do nart** ßmar do nart

Adventure-Sports

Ausritt .... **przejażdżka konna** pschejáschtschka kón-na
Ballonfahrt .... **latanie balonem** latánje balónem
Bungee-Jumping .... **skoki na bungee** ßkóki na bándschi
Drachenfliegen .... **latanie lotnią** latánje lótnjo
Fallschirmspringen .... **skoki spadochronowe** ßkóki ßpadochronówe
Freeclimbing .... **wspinaczka bez zabezpieczenia** fßpinátschka beß sabeßpjetschénja

Gleitschirmfliegen	paralotniarstwo paralotnjárßtfo
Kajak	kajak kájak
Kanu	kanu kánu
Kitesurfen	kitesurfing kajtßérfink
Rafting	rafting ráfting
reiten	jeździć konno jéschdschitsch kón-no
Segelfliegen	szybownictwo schibownítztfo
Segelflugzeug	szybowiec schibówjetz
segeln	żeglować scheglówatsch

Besichtigungen

Touristeninformation

Wo ist die Touristeninformation?	Gdzie jest informacja turystyczna? gdschje jeßt informátzja turißtítschna?
Ich möchte ►	Poproszę ► poprósche ►
► einen Plan von der Umgebung.	► plan tej okolicy. plan tej okolítzi.
► einen Stadtplan.	► plan miasta. plan mjáßta.
► einen U-Bahn-Plan.	► plan metra. plan métra.
► einen Veranstaltungskalender.	► kalendarz imprez. kaléndasch ímpreß.

Haben Sie auch Prospekte auf Deutsch?	**Czy ma pan(i ♀) również prospekty w języku niemieckim?** tschi ma pán(i ♀) rúwnjesch proßpékti wjensíku njemjétzkim?
Gibt es ►	**Czy organizuje się ►** tschi organisúje schje ►
► Stadtrundfahrten?	**► zwiedzanie miasta autokarem?** swjedsánje mjáßta autokárem?
► Stadtführungen?	**► oprowadzanie po mieście?** oprowadsánje po mjéschtschje?
Was kostet die ►	**Ile kosztuje ►** íle koschtúje ►
► Rundfahrt?	**► zwiedzanie autokarem?** swjedsánje autokárem?
► Führung?	**► oprowadzanie?** oprowadsánje?
Wie lange dauert die ►	**Jak długo trwa ►** jak dwúgo trfa ►
► Rundfahrt?	**► zwiedzanie autokarem?** swjedsánje autokárem?
► Führung?	**► zwiedzanie?** swjedsánje?
Besichtigen wir auch ...?	**Zwiedzimy również ...?** swjedschími rúwnjesch ...?

Bitte zwei Karten für die Stadtrundfahrt.	**Poproszę dwa bilety na zwiedzanie miasta autokarem.** poprósche dwa biléti na swjedsánje mjáßta autokárem.
Welche Sehenswürdigkeiten gibt es hier?	**Co jest warte obejrzenia?** tzo jeßt wárte obejschénja?
Wann ist ... geöffnet?	**Jakie są godziny otwarcia ...?** jákje ßo godschíni otwártschja ...?
Bitte für den Ausflug morgen nach ... einen Platz.	**Poproszę na jutro jedno miejsce na wycieczkę do ...** poprósche na jútro jédno mjéjßtze na witschjétschke do ...
Bitte für den Ausflug morgen nach ... zwei Plätze.	**Poproszę na jutro dwa miejsca na wycieczkę do ...** poprósche na jútro dwa mjéjßtza na witschjétschke do ...
Wann treffen wir uns?	**Kiedy się spotkamy?** kjédi schje ßpotkámi?
Wo treffen wir uns?	**Gdzie się spotkamy?** gdschje schje ßpotkámi?

Besichtigungen

Wann ist ... geöffnet?	Jakie są godziny otwarcia ...? jákje ßo godschíni otwártschja ...?
Wie viel kostet ► ►der Eintritt? ►die Führung?	Ile kosztuje ► íle koschtúje ► ►wstęp? fßtemp? ►oprowadzanie? oprowadsánje?
Gibt es auch Führungen auf Deutsch?	Czy odbywają się również oprowadzania po niemiecku? tschi odbiwájo schje rúwnjesch oprowadsánja po njemjétzku?
Wann beginnt die Führung?	Kiedy zaczyna się oprowadzanie? kjédi satschína schje oprowadsánje?
Gibt es eine Ermäßigung für ► ►Familien? ►Kinder? ►Senioren? ►Studenten?	Czy jest zniżka dla ► tschi jeßt sníschka dla ► ►rodzin? ródsin? ►dzieci? dschjétschi? ►seniorów? ßenjóruf? ►studentów? ßtudéntuf?
Eine Karte bitte.	Poproszę bilet. poprósche bílet.

Zwei Karten bitte.	**Poproszę dwa bilety.** poprósche dwa biléti.
Zwei Erwachsene, zwei Kinder, bitte.	**Dwoje dorosłych, dwoje dzieci, proszę.** dwóje doróßwich, dwóje dschjétschi, prósche.
Haben Sie einen ►	**Czy ma pan(i ♀) ►** tschi ma pán(i ♀) ►
► Katalog?	**► katalog?** katálog?
► Führer?	**► przewodnik?** pschewódnik?
Ich hätte gern einen Audioguide ►	**Poproszę przewodnik audio ►** poprósche pschewódnik aúdjo ►
► auf Deutsch.	**► po niemiecku.** po njemjétzku.
► auf Englisch.	**► po angielsku.** po angjélßku.
Darf man fotografieren?	**Czy można fotografować?** tschi móschna fotografówatsch?
Können Sie bitte ein Foto von ► machen?	**Czy może pan(i ♀) ► zrobić zdjęcie?** tschi mósche pán(i ♀) ► sróbitsch sdjéntschje?
► mir	**► mi** mi
► uns	**► nam** nam
Was für ein ► ist das?	**Jaki to ►** jáki to ►
► Gebäude	**► budynek?** budínek?
► Denkmal	**► pomnik?** pómnik?

Weitere Wörter

Altar	**ołtarz** óutasch
Altstadt	**stare miasto** ßtáre mjáßto
antik	**antyczny** antítschni
Architektur	**architektura** architektúra
Ausflug	**wycieczka** witschjétschka
Ausgrabungen	**wykopaliska** wikopalíßka
Aussicht	**widok** wídok
Ausstellung	**wystawa** wißtáwa
Basilika	**bazylika** basilíka
Besichtigung	**zwiedzanie** swjedsánje
Bibliothek	**biblioteka** bibljotéka
Bild	**obraz** óbraß
Botanischer Garten	**ogród botaniczny** ógrut botanítschni
Brücke	**most** moßt
Brunnen	**studnia** ßtúdnja
Burg	**zamek** sámek
Denkmal	**pomnik** pómnik
Denkmalschutz	**ochrona zabytków** ochróna sabítkuf
Dom	**katedra** katédra
Düne	**wydma** wídma
Epoche	**epoka** epóka
Fassade	**fasada** faßáda
Festung	**twierdza** twjérdsa

Fluss	rzeka schéka
fotografieren	fotografować fotografówatsch
Freilichtmuseum	skansen ßkánßen
Friedhof	cmentarz tzméntasch
Fürst	książę kschjónsche
Fußgängerzone	strefa dla pieszych ßtréfa dla pjéschich
Galerie	galeria galérja
Garten	ogród ógrut
Gasse	uliczka ulítschka
Gebäude	budynek budínek
Gebirge	góry gúri
Gedenkstätte	miejsce pamięci mjéjßtze pamjéntschi
Gemälde	obraz óbraß
geöffnet	otwarte otfárte
Geschichte	historia hißtórja
geschlossen	zamknięty samknjénti
Gewölbe	sklepienie ßklepjénje
Glocke	dzwon dswon
Glockenspiel	kurant kúrant
Gotik	gotyk gótik
Gottesdienst	nabożeństwo naboschénßtfo
Grab	grób grup
Hafen	port port
Halbinsel	półwysep puw-wíßep
Hauptstadt	stolica ßtolítza

Hof	dwór dwur
Höhle	jaskinia jaßkínja
Innenhof	dziedziniec dschjedschínjetz
Innenstadt	śródmieście schrudmjéschtschje
Inschrift	napis nápiß
Insel	wyspa wíßpa
Jahrhundert	stulecie ßtulétschje
Kaiser	cesarz tzéßasch
Kaiserin	cesarzowa tzesaschowa
Kapelle	kaplica kaplítza
Katalog	katalog katálog
Kathedrale	katedra katédra
katholisch	katolicki katolitzki
Keramik	ceramika tzeramíka
Kirche	kościół kóschtschjuw
Kirchturm	wieża kościelna wjéscha koschtschjélna
Klassizismus	klasycyzm klaßítzism
Kloster	klasztor kláschtor
König	król krul
Königin	królowa krulówa
Kreuz	krzyż kschisch
Kreuzgang	krużganek kruschgánek
Krypta	krypta krípta
Kunst	sztuka schtúka
Künstler	artysta artíßta
Künstlerin	artystka artißtka

Kuppel	**kopuła** kopúwa
Landschaft	**pejzaż** péjsasch
Malerei	**malarstwo** malárßtfo
Markt	**rynek, targ** rínek, tark
Markthalle	**hala targowa** hála targówa
Marmor	**marmur** mármur
Mauer	**mur** mur
Mittelalter	**średniowiecze** schrednjowjétsche
modern	**nowoczesny** nowotschéßni
Mosaik	**mozaika** mosaíka
Museum	**muzeum** muséum
Nationalpark	**park narodowy** park narodówi
Naturschutzgebiet	**rezerwat przyrody** resérwat pschiródi
Opernhaus	**opera** opéra
Orden	**zakon** sákon
Orgel	**organy** orgáni
Original	**oryginał** origínau
orthodox	**prawosławny** prawoßwáwni
Palast	**pałac** páwatz
Park	**park** park
Parlament	**parlament** parláment
Pilger	**pielgrzym** pjélgschim
Plakat	**plakat** plákat
Planetarium	**planetarium** planetárjum
Portal	**portal** pórtal

Porträt	**portret** pórtret
Rathaus	**ratusz** rátusch
Relief	**relief** réljef
Renaissance	**renesans** renéßanß
restaurieren	**restaurować** reßtaurówatsch
Romanik	**styl romański** ßtil románßki
Romantik	**romantyzm** romántism
Ruine	**ruina** ruína
Saal	**sala** ßála
Sammlung	**kolekcja** koléktzja
Sandstein	**piaskowiec** pjaßkówjetz
Sarkophag	**sarkofag** ßarkófak
Säule	**kolumna** kolúmna
Schatzkammer	**skarbiec** ßkárbjetz
Schloss	**zamek** sámek
See	**jezioro** jeschjóro
Sehenswürdigkeiten	**zabytki** sabítki
Skulptur	**rzeźba** schéschba
Slawen	**Słowianie** ßwowjánje
slawisch	**słowiański** ßwowjánßki
Stadion	**stadion** ßtádjon
Stadtführung	**oprowadzanie po mieście** oprowadsánje po mjéschtschje
Stadtmauer	**mury obronne miasta** múri obrón-ne mjáßta
Stadtplan	**plan miasta** plan mjáßta
Stadtteil	**dzielnica (miasta)** dschjelnítza (mjáßta)

Stadttor	**brama miasta** bráma mjáßta
Stadtzentrum	**centrum** tzéntrum
Statue	**statua** ßtátua
Staudamm	**zapora wodna** sapóra wódna
Stausee	**zalew** sálef
Stil	**styl** ßtil
Synagoge	**synagoga** ßinagóga
Tal	**dolina** dolína
Theater	**teatr** téatr
Töpferei	**garncarstwo** garntzárßtfo
Tor	**brama** bráma
Touristik-information	**informacja turystyczna** informátzja turißtítschna
Tuchhallen	**sukiennice** ßukjen-nítze
Turm	**wieża** wjéscha
Universität	**uniwersytet** uniwerßítet
Vergnügungspark	**wesołe miasteczko** weßówe mjaßtétschko
Volkskunde-museum	**muzeum etnograficzne** muséum etnografítschne
Wachablösung	**zmiana warty** smjána wárti
Wald	**las** laß
Wallfahrtsort	**miejsce pielgrzymkowe** mjéjßtze pjelgschimkówe
Wappen	**herb** herp
Zeichnung	**rysunek** rißúnek
Zoo	**zoo** so-o

Unterhaltung

Kulturveranstaltungen

Welche Veranstaltungen finden ▸ Woche statt?	**Jakie imprezy odbędą się ▸ tygodniu?** jákje imprési odbéndo schje ▸ tigódnju?
▸ diese	▸ **w tym** ftim
▸ nächste	▸ **w przyszłym** fpschíschwim
Was wird heute gespielt?	**Co dzisiaj grają?** tzo dschíschjaj grájo?
Wann beginnt ▸	**Kiedy zaczyna się ▸** kjédi satschína schje ▸
▸ die Vorstellung?	▸ **przedstawienie?** pschetßtawjénje?
▸ das Konzert?	▸ **koncert?** kóntzert?
▸ der Film?	▸ **film?** film?
Ab wann ist Einlass?	**Kiedy zaczynają wpuszczać?** kjédi satschinájo fpúschtschatsch?
Sind die Plätze nummeriert?	**Czy miejsca są numerowane?** tschi mjéjßtza ßo numerowáne?
Haben Sie noch Karten für heute?	**Czy ma pan(i ♀) bilety na dzisiaj?** tschi ma pán(i ♀) biléti na dschíschjaj?

Bitte zwei Karten für ►	**Proszę dwa bilety na ►** prósche dwa biléti na ►
► heute.	► **dzisiaj.** dschíschjaj.
► morgen.	► **jutro.** jútro.
► die Vorstellung um ... Uhr.	► **przedstawienie o godzinie ...** pschetßtawjénje o godschínje ...
► den Film um ... Uhr.	► **film o godzinie ...** film o godschínje ...
Wie viel kostet eine Karte?	**Ile kosztuje wstęp?** íle koschtúje fßtemp?
Gibt es eine Ermäßigung für ►	**Czy jest zniżka dla ►** tschi jeßt sníschka dla ►
► Kinder?	► **dzieci?** dschjétschi?
► Senioren?	► **seniorów?** ßenjóruf?
► Studenten?	► **studentów?** ßtudéntuf?
Wann ist die Vorstellung zu Ende?	**Kiedy kończy się przedstawienie?** kjédi kóntschi schje pschetßtawjénje?

Ausgehen

Was kann man hier abends unternehmen?	**Co można tutaj robić wieczorami?** tzo móschna tútaj robítsch wjetschorámi?

Gibt es hier ►	**Czy jest tu ►** tschi jeßt tu ►
► eine nette Kneipe?	► **jakaś przyjemna knajpa?** jákasch pschijémna knájpa?
► einen guten Club?	► **jakiś dobry klub?** jákisch dóbrej klup?
Wo kann man hier tanzen gehen?	**Gdzie tu można iść sobie potańczyć?** gdschje tu móschna ischtsch ßóbje potántschitsch?
Ist hier noch frei?	**Czy tu jeszcze jest wolne?** tschi tu jéschtsche jeßt wólne?
Darf ich Sie einladen?	**Czy mogę ♂ pana / ♀ panią zaprosić ?** tschi móge ♂ pána / ♀ pánio sapróschitsch?
Was möchten Sie trinken? ▸ *Essen & Trinken, S. 97*	**Czego ♂ chciałby się pan / ♀ chciałaby się pani napić?** tschégo ♂ chtschjáubi schje pan / ♀ chtschjáwabi schje páni nápitsch?
Tanzen Sie mit mir?	**Czy zatańczy pan(i ♀) ze mną?** tschi satántschi pán(i ♀) se mno?
Können Sie mir ein Taxi rufen?	**Czy może mi pan(i ♀) zamówić taksówkę?** tschi mósche mi pán(i ♀) samuwítsch takßúfke?

АПТ

Gut zu wissen

Notruf

Info Von öffentlichen Telefonzellen können Sie kostenlos anwählen: die Polizei (policja polítzja) 997, die Feuerwehr (straż pożarna ßtrasch poschárna) 998 und den Rettungsdienst (pogotowie ratunkowe pogotówje ratunkówe) 999.

Hilfe!	Pomocy! pomótzi!
Es ist ein Unfall passiert!	Wydarzył się wypadek! widáschiw schje wipádek!
Rufen Sie bitte einen ▸	Proszę wezwać ▸ prósche wéswatsch ▸
▸ Krankenwagen!	▸ pogotowie! pogotówje!
▸ Notarzt!	▸ lekarza pogotowia! lekáscha pogotówja!
Bitte helfen Sie!	Proszę o pomoc! prósche o pomotz!
... Personen sind (schwer) verletzt.	... osoby są (ciężko) ranne. ... oßóbi ßo (tschjénschko) rán-ne.
Wohin bringen Sie ▸	Dokąd pan(i ♀) ▸ zawiezie? dókont pán(i ♀) ▸ sawjéschje?
▸ ihn?	▸ jego jégo
▸ sie?	▸ ją jo

Ich möchte mitkommen.	♂ Chciałbym / ♀ Chciałabym też pójść. ♂ chtscháubim / ♀ chtschäwabim tesch pujschtsch.

Polizei

Wo ist das nächste Polizeirevier?	Gdzie jest następny posterunek policji? gdschje jeßt naßtémpni poßterúnek politzji?
Ich möchte ► anzeigen.	♂ Chciałbym / ♀ Chciałabym zgłosić ► ♂ chtscháubim / ♀ chtschäwabim sgwóschitsch ►
► einen Diebstahl	► kradzież. krádschjesch.
► einen Überfall	► napad. nápat.
► eine Vergewaltigung	► zgwałcenie. sgwautzénje.
Man hat mir ► gestohlen.	Ukradziono mi ► ukradschjóno mi ►
► meine Handtasche	► moją torebkę. mójo torépke.
► mein Portemonnaie	► mój portfel. muj pórtfel.
Mein Auto ist aufgebrochen worden.	Włamano się do mojego samochodu. wuamáno schje do mojégo ßamochódu.

Ich habe ... verloren.	♂ Zgubiłem / ♀ Zgubiłam ... ♂ sgubíwem / ♀ sgubíwam ...
Ich bin betrogen worden.	♂ Zostałem oszukany / ♀ Zostałam oszukana. ♂ soßtáwem oschukáni / ♀ soßtáwam oschukána.
Ich brauche eine Bescheinigung für meine Versicherung.	Potrzebuję zaświadczenia dla mojej ubezpieczalni. potschebúje saschfjat-tschénja dla mójej ubeßpjetschálni.
Ich möchte mit meinem ► sprechen.	♂ Chciałbym / ♀ Chciałabym rozmawiać z moim ► ♂ chtscháubim / ♀ chtschávabim rosmáwjatsch smó-im ►
► Anwalt/ meiner Anwältin	► adwokatem. adwokátem.
► Konsulat	► konsulatem. konßulátem.
Ich bin unschuldig.	Jestem ♂ niewinny / ♀ niewinna. jéßtem ♂ njewín-ni / ♀ njewín-na.

Das könnten Sie hören:

♂ Pana / ♀ Pani dowód osobisty poproszę.
♂ pána / ♀ páni dówut oßobíßti poprósche.
Ihren Ausweis bitte.

Proszę zwrócić się do swojego konsulatu.
prósche swrútschitsch schje do ßwojégo konßulátu.
Wenden Sie sich bitte an Ihr Konsulat.

Weitere Wörter

Anzeige	doniesienie donjeschjénje
belästigen	napastować napaßtówatsch
Botschaft	ambasada ambaßáda
Dieb(in)	złodziej(ka) swódschjej(ka)
Falschgeld	fałszywe pieniądze fauschíwe pjenjóndse
Fundbüro	biuro rzeczy znalezionych bjúro schétschi snaleschjónich
Handtasche	torebka torépka
Konsulat	konsulat konßulát
Navigationsgerät	nawigacja GPS nawigátzja
Polizei	policja polítzja
Portemonnaie	portmonetka portmonétka
Rauschgift	narkotyk narkótik
Taschendieb	kieszonkowy kjeschonkówi
Unfall	wypadek wipádek
verhaften	aresztować areschtówatsch
Zeuge, Zeugin	świadek schfjádek

Gesundheit

Apotheke

Wo ist die nächste Apotheke (mit Nachtdienst)?	**Gdzie jest najbliższa apteka (z dyżurem nocnym)?** gdschje jeßt najblísch-scha aptéka (s dischúrem nótznim)?
Haben Sie etwas gegen ...? ▸ *Krankheiten, S. 195*	**Czy ma pan(i ♀) coś przeciw ...?** tschi ma pán(i ♀) tzosch pschétschif ...?
Ich brauche dieses Medikament.	**Potrzebuję tego lekarstwa.** potschebúje tégo lekárßtfa.
Eine kleine Packung genügt.	**Wystarczy małe opakowanie.** wißtártschi máwe opakowánje.
Wie muss ich es einnehmen?	**Jak to należy stosować?** jak to naléschi ßtoßówatsch?

Das könnten Sie hören:
Musimy to zamówić.
muschími to samúwitsch.
Wir müssen es bestellen.

Wann kann ich es abholen?	**Kiedy mogę to odebrać?** kjédi móge to odébratsch?

Medikamente

Abführmittel	**środek przeczyszczający** schródek pschetschischtschajóntzi
Antibiotikum	**antybiotyk** antibjótik
Augentropfen	**krople do oczu** króple do ótschu
Beruhigungsmittel	**środek uspokajający** schródek ußpokajajóntzi
Elastikbinde	**bandaż elastyczny** bándasch elaßtítschni
fiebersenkendes Mittel	**środek przeciwgorączkowy** schródek pschétschifgorontschkówi
Fieberthermometer	**termometr** termómetr
Halsschmerztabletten	**tabletki na gardło** tablétki na gárdwo
homöopathisch	**homeopatyczny** home-opatítschni
Hustensaft	**syrop na kaszel** ßírop na káschel
Insulin	**insulina** inßulína
Jod	**jod** jot
Kohletabletten	**tabletki węglowe** tablétki wenglówe
Kondome	**kondomy** kondómi

Kopfschmerz-tabletten	tabletki od bólu głowy tablétki od búlu gwówi
Kreislaufmittel	środek na krążenie schródek na kronschénje
Magentabletten	lekarstwo na żołądek lekárßtfo na schowóndek
Mittel gegen ...	środek przeciw ... schródek pschétschif ...
Mullbinde	gaza wyjałowiona gása wijawowjóna
Nasentropfen	krople do nosa króple do nóßa
Ohrentropfen	krople do uszu króple do úschu
Pflaster	plaster pláßter
Rezept	recepta retzépta
Salbe	maść maschtsch
Salbe gegen Mückenstiche	maść przeciw ukąszeniom komarów maschtsch pschétschif ukonschénjom komáruf
Salbe gegen Sonnenbrand	maść przeciw oparzeniom słonecznym maschtsch pschétschif opaschénjom ßwonétschnim
Schlaftabletten	tabletki nasenne tablétki naßén-ne

Schmerzmittel	**środek przeciwbólowy** schródek pschetschif-bulówi
Spritze	**zastrzyk** sáßtschik
Tabletten gegen ...	**tabletki przeciw ...** tablétki pschétschif ...
Tropfen	**krople** króple
Verbandszeug	**materiał opatrunkowy** matérjau opatrunkówi
Wundsalbe	**maść na rany** maschtsch na ráni
Zäpfchen	**czopki** tschópki

Arzt

Können Sie mir einen ► empfehlen?	**Czy może mi pan(i ♀) polecić ►** tschi mósche mi pán(i ♀) polétschitsch ►
► praktischen Arzt	**► lekarza ogólnego.** lekáscha ogulnégo.
► Zahnarzt	**► dentystę.** dentíßte.
Spricht er/sie Deutsch?	**Czy on mówi po niemiecku?** tschi on múwi po njemjétzku?
Wo ist seine/ ihre Praxis?	**Gdzie jest jego/jej gabinet lekarski?** gdschje jeßt jégo/jej gabínet lekárßki?

Wann ist die-Sprechstunde?	**Kiedy jest godziny przyjęć?** kjédi jeßt godschíni pschijéntsch?
Kann er/sie herkommen?	**Czy może tutaj przyjść?** tschi mósche tútaj pschíjschtsch?
Mein Mann ist krank.	**Mój mąż jest chory.** muj monsch jeßt chóry.
Meine Frau ist krank.	**Moja żona jest chora.** mója schóna jeßt chóra.
Ich habe ►	**Mam ►** mam ►
► (hohes) Fieber.	**► (wysoką) gorączkę.** (wißóko) goróntschke.
► eine Grippe.	**► grypę.** grípe.
► Durchfall.	**► biegunkę.** bjegúnke.
Ich habe ►	**Boli mnie ►** bóli mnje ►
► Kopfschmerzen.	**► głowa.** gwówa.
► Halsschmerzen.	**► gardło.** gárdwo.
Ich habe Durchfall.	**Mam rozwolnienie.** mam roswolnjénje.
Mir ist schwindelig.	**Kręci mi się w głowie.** kréntschi mi schje wgwówje.

Ich bin (stark) erkältet.	**Jestem (mocno) ♂ przeziębiony / ♀ przeziębiona.** jéßtem (mótzno) ♂ pscheschjembjóni / ♀ pscheschjembjóna.
Mir tut ... weh. ‣ *Körperteile, S. 192*	**Boli mnie ...** bóli mnje ...
Hier habe ich Schmerzen.	**Tu mam bóle.** tu mam búle.
Ich habe mich (mehrmals) übergeben.	**(Parę razy) ♂ Wymiotowałem / ♀ Wymiotowałam.** (páre rási) ♂ wimjotowáwem / ♀ wimjotowáwam.
Ich habe mir den Magen verdorben.	**♂ Popsułem / ♀ Popsułam sobie żołądek.** ♂ popßúwem / ♀ popßúwam ßóbje schowóndek.
Ich bin ohnmächtig geworden.	**♂ Straciłem / ♀ Straciłam przytomność.** ♂ ßtratschíwem / ♀ ßtratschíwam pschitómnoschtsch.
Ich kann ... nicht bewegen. ‣ *Körperteile, S. 192*	**Nie mogę ruszać ...** nje móge rúschatsch ...

Ich habe mich verletzt.	♂ Skaleczyłem / ♀ Skaleczyłam się. ♂ skaletschíwem / ♀ skaletschíwam schje.
Ich bin gestürzt.	♂ Upadłem / ♀ Upadłam. ♂ upádwem / ♀ upádwam.
Ich bin von … gestochen worden.	♂ Zostałem użądlony / ♀ Zostałam użądlona przez … ♂ soßtáwem uschondlóni / ♀ soßtáwam uschondlóna pscheß …
Ich bin (nicht) gegen … geimpft.	(Nie) Jestem ♂ szczepiony / ♀ szczepiona przeciw … (nje) jéßtem ♂ schtschepjóni / ♀ schtschepjóna pschétschif …
Ich bin allergisch gegen Penizillin.	Mam alergię na penicylinę. mam alérgje na penitzilíne.
Ich habe einen ► Blutdruck.	Mam ► ciśnienie. mam ► tschischnjénje.
► hohen	► wysokie wißókje
► niedrigen	► niskie nísskje
Ich habe einen Herzschrittmacher.	Mam rozrusznik serca. mam rosrúschnik ßértza.

Ich bin (im ... Monat) schwanger.	Jestem w (... miesiącu) ciąży. jéßtem w (... mjeschjóntzu) tschjónschi.
Ich bin Diabetiker(in).	Jestem diabetykiem. jéßtem djabetíkjem.
Ich nehme regelmäßig diese Medikamente.	Stosuję regularnie te lekarstwa. ßtoßúje regulárnje te lekárßtfa.

Das könnten Sie hören:

Jakie ma pan(i ♀) dolegliwości?
jákje ma pán(i ♀) dolegliwóschtschi?
Was für Beschwerden haben Sie?

Jak długo już pan(i ♀) ma te dolegliwości?
jak dwúgo jusch pán(i ♀) ma te dolegliwóschtschi?
Wie lange haben Sie diese Beschwerden schon?

Czy to boli? tschi to bóli?
Tut das weh?

Czy ♂ był pan szczepiony / ♀ była pani szczepiona przeciwko ...? tschi ♂ biw pan schtschepjóni / ♀ bíwa páni schtschepjóna pschetschífko ...?
Sind Sie gegen ... geimpft?

Musimy ♂ pana / ♀ panią prześwietlić.
muschími ♂ pána / ♀ pánjo pscheschwjétlitsch.
Wir müssen Sie röntgen.

♂ Pan / ♀ Pani musi się poddać operacji.
♂ pan / ♀ páni múschi schje pód-datsch operátzji.
Sie müssen operiert werden.

To nic poważnego.
to nitz powaschnégo.
Es ist nichts Ernstes.

Proszę przyjść za ... dni do kontroli.
prósche pschíjschtsch sa ... dni do kontróli.
Kommen Sie in ... Tagen wieder.

Können Sie mir ein Attest ausstellen? — Może mi pan(i ♀) wystawić zaświadczenie lekarskie?
mósche mi pán(i ♀) wißtáwitsch saschfjat-tschénje lekárßkje?

Muss ich noch einmal kommen? — Muszę przyjść jeszcze raz?
músche pschijschtsch jéschtsche ras?

Ich brauche eine Quittung für meine Versicherung. — Potrzebuję pokwitowanie dla mojej ubezpieczalni.
potschebúje pokfitowánje dla mójej ubeßpjetschálni.

Ärzte

Arzt	**lekarz** lékasch
Ärztin	**lekarka** lekárka
Augenarzt	**okulista** okulíßta
Frauenarzt	**ginekolog** ginekólok
Frauenärztin	**ginekolog** ginekólok
Hals-Nasen-Ohren-Arzt	**laryngolog** laringólok
Hautarzt	**dermatolog** dermatólok
Heilpraktiker	**terapeuta** terapéwta
Internist	**internista** interníßta
Kinderarzt	**pediatra** pedjátra
Orthopäde	**ortopeda** ortopéda
Urologe	**urolog** urólok
Zahnarzt	**dentysta** dentíßta

Krankenhaus

Spricht hier jemand Deutsch?
Czy mówi tu ktoś po niemiecku?
tschi múwi tu ktosch po njemjétzku?

Ich möchte mit einem Arzt sprechen.
♂ Chciałbym / ♀ Chciałabym rozmawiać z lekarzem.
♂ chtscháubim / ♀ chtscháwabim rosmáwjatsch slekáschem.

Ich möchte mich lieber in Deutschland operieren lassen.	♂ Wolałbym / ♀ Wolałabym poddać się operacji w Niemczech. ♂ wólaubim / ♀ woláwabim pód-datsch schje operátzji wnjémtschech.
Ich habe eine Versicherung für den Rücktransport.	Mam ubezpieczenie na transport powrotny. mam ubeßpjetschénje na tránßport powrótni.
Bitte benachrichtigen Sie meine Familie.	Proszę powiadomić moją rodzinę. prósche powjadómitsch mójo rodschíne.
Geben Sie mir bitte etwas ►	Proszę mi dać jakiś środek ► prósche mi datsch jákisch schródek ►
► gegen die Schmerzen.	► przeciwbólowy. pschétschif-bulówi.
► zum Einschlafen.	► nasenny. naßén-ni.

Körperteile

Arm	ramię rámje
Auge	oko óko
Bandscheibe	tarcza międzykręgowa tártscha mjendsikrengówa

Bauch	brzuch bschuch
Becken	miednica mjednítza
Bein	noga nóga
Blase	pęcherz pénchesch
Blinddarm	wyrostek robaczkowy wiróßtek robatschkówi
Blut	krew kref
Bronchien	oskrzela oßkschéla
Brust	pierś pjersch
Darm	jelito jelíto
Finger	palec páletz
Fuß	stopa ßtópa
Galle	woreczek żółciowy worétschek schuwtschjówi
Gehirn	mózg musk
Gelenk	staw ßtaf
Gesäß	pośladek poschládek
Gesicht	twarz tfasch
Hals	gardło gárdwo
Hand	ręka rénka
Haut	skóra ßkúra
Herz	serce ßértze
Hüfte	biodro bjódro
Knie	kolano koláno
Knöchel	kostka kóßtka
Knochen	kość koschtsch
Kopf	głowa gwówa

Körper	**ciało** tschjáwo
Leber	**wątroba** wontróba
Lunge	**płuca** pwútza
Magen	**żołądek** schowóndek
Mandeln	**migdały** migdáwi
Mund	**usta** úßta
Muskel	**mięsień** mjénschjen
Nacken	**kark** kark
Nase	**nos** noß
Nerv	**nerw** nerf
Niere	**nerka** nérka
Ohr	**ucho** úcho
Rippe	**żebro** schébro
Rücken	**plecy** plétzi
Schienbein	**kość piszczelowa** koschtsch pischtschelówa
Schilddrüse	**tarczyca** tartschítza
Schlüsselbein	**obojczyk** obójtschik
Sehne	**ścięgno** schtschjéngno
Stirn	**czoło** tschówo
Stirnhöhle	**zatoka czołowa** satóka tschowówa
Wade	**łydka** wítka
Wirbelsäule	**kręgosłup** krengóßwup
Zahn	**ząb** somp
Zehe	**palec u nogi** páletz unógi
Zunge	**język** jénsik

Krankheiten, Beschwerden

Abszess	**wrzód** wschut
Aids	**AIDS** ejtß
Allergie	**alergia** alérgja
Angina	**angina** angína
ansteckend	**zakaźny** sakáschni
Asthma	**astma** áßtma
Atembeschwerden	**trudności w oddychaniu** trudnóschtschi wod-dichánju
Ausschlag	**wysypka** wißípka
Bänderriss	**zerwanie wiązadeł** serwánje wjonsádew
Bindehaut-entzündung	**zapalenie spojówek** sapalénje ßpojúwek
Biss	**ukąszenie** ukonschénje
Blasenentzündung	**zapalenie pęcherza** sapalénje penchéscha
Blinddarm-entzündung	**zapalenie wyrostka robaczkowego** sapalénje wiróßtka robatschkowégo
hoher Blutdruck	**wysokie ciśnienie krwi** wißókje tschischnjénje krfi
Blutung	**krwawienie** krwawjénje
Blutvergiftung	**zatrucie krwi** satrútschje krfi
Bronchitis	**bronchit** brónchit
Bypass	**Bypass**

COVID-19/ Coronavirus	COVID-19/Coronawirus kowid-dschjewjentnáschtschje/ koronawirus
Diabetes	cukrzyca tzukschítza
Durchfall	biegunka bjegúnka
Entzündung	zapalenie sapalénje
Erbrechen	wymioty wimjóti
Erkältung	przeziębienie pscheschjembjénje
Fieber	gorączka goróntschka
Gallensteine	kamienie żółciowe kamjénje schuwtschjówe
gebrochen	złamany swamáni
Gehirnerschütterung	wstrząs mózgu fßtschonß músgu
Geschlechts- krankheit	choroba weneryczna choróba wenerítschna
Geschwür	wrzód wschut
Grippe	grypa grípa
Hämorriden	hemoroidy hemorójdi
Herpes	wypryszczki wiprischtschki
Herzanfall	atak serca átak ßértza
Herzfehler	wada serca wáda ßértza
Herzinfarkt	zawał serca sáwau ßértza
Herzschrittmacher	rozrusznik serca roßrúschnik sertza
Heuschnupfen	katar sienny kátar schjén-ni

Hexenschuss	**lumbago, postrzał** lumbágo, póßtschau
Husten	**kaszel** káschel
Infektion	**infekcja** inféktzja
Ischias	**korzonki** koschónki
Keuchhusten	**koklusz** kóklusch
Kolik	**kolka** kólka
Krampf	**kurcz** kurtsch
Krankheit	**choroba** choróba
Krebs	**rak** rak
Leistenbruch	**przepuklina** pschepuklína
Lungenentzündung	**zapalenie płuc** sapalénje pwutz
Magengeschwür	**wrzód żołądka** wschut schowóntka
Magenschmerzen	**bóle żołądka** búle schowóntka
Mandelentzündung	**zapalenie migdałów** sapalénje migdáwuf
Masern	**odra** ódra
Migräne	**migrena** migréna
Mittelohr-entzündung	**zapalenie ucha środkowego** sapalénje úcha schrotkowégo
Mumps	**świnka** schwínka
Nasenbluten	**krwotok z nosa** krwótok snóßa
Nierensteine	**kamienie nerkowe** kamjénje nerkówe
Pilzinfektion	**grzybica** gschibítza
Prellung	**stłuczenie** ßtwutschénje

Rheuma	reumatyzm	re-umátism
Röteln	różyczka	ruschítschka
Salmonellenvergiftung	zatrucie salmonellą	satrútschje ßalmonél-lo
Scharlach	szkarlatyna	schkarlatína
Schlaganfall	apopleksja	apoplékßja
Schnupfen	katar	kátar
Schock	szok	schok
Schüttelfrost	dreszcze	dréschtsche
Schweißausbruch	poty	póti
Schwellung	obrzęk	óbschenk
Schwindel	zawrót głowy	sáwrut gwówi
Sodbrennen	zgaga	sgága
Sonnenbrand	oparzenie słoneczne	opaschénje swonétschne
Stich	ukłucie	ukwútschje
Tetanus	tężec	ténschetz
Tumor	guz	guß
Übelkeit	mdłości	mdwóschtschi
Verbrennung	oparzenie	opaschénje
Verletzung	skaleczenie	ßkaletschénje
verrenkt	zwichnięty	swichnjénti
verstaucht	zwichnięty	swichnjénti
Verstopfung	zatwardzenie	satwardsénje
Windpocken	ospa wietrzna	óßpa wjétschna
Wunde	rana	rána
Zeckenbiss	ugryzienie przez kleszcza	ugrischjénje pscheß kléschtscha

Zahnarzt

Dieser Zahn hier tut weh.	**Ten ząb tutaj boli.** ten somp tútaj bóli.
Der Zahn ist abgebrochen.	**Złamał mi się ten ząb.** swámau mi schje ten somp.
Ich habe eine Füllung verloren.	**Wypadła mi plomba.** wipádwa mi plómba.
Den Zahn bitte nicht ziehen.	**Proszę tego zęba nie wyrywać.** prósche tégo sémba nje wiríwatsch.
Geben Sie mir bitte eine Spritze.	**Proszę mi dać zastrzyk.** prósche mi datsch sáßtschik.
Können Sie diese Prothese reparieren?	**Czy może pan(i ♀) naprawić tę protezę?** tschi mósche pán(i ♀) napráwitsch te protése?

Das könnten Sie hören:

Trzeba ♂ panu / ♀ pani plomba.
tschéba ♂ pánu / ♀ páni plómba.
Sie brauchen eine Füllung.

Trzeba ♂ panu / ♀ pani koronka.
tschéba ♂ pánu / ♀ páni korónka.
Sie brauchen eine Krone.

Proszę dobrze wypłukać.
prósche dóbsche wipwúkatsch.
Bitte gut spülen.

Proszę dwie godziny nic nie jeść.
prósche dwje godschíni nitz nje jeschtsch.
Bitte zwei Stunden nichts essen.

Weitere Wörter

Amalgamfüllung	plomba z amalgatu plómba samalgátu
Gebiss (Prothese)	szczęka schtschénka
Goldinlay	inlay ze złota ínlej se swóta
Inlay	inlay ínlej
Karies	próchnica zębów pruchnítza sémbuf
Kiefer	szczęka schtschénka
Kunststofffüllung	plomba ceramiczna plómba tzeramítschna
Nerv	nerw nerf
Parodontose	paradentoza paradentósa
Porzellanfüllung	plomba porcelanowa plómba portzelanówa
Provisorium	prowizorka prowisórka
Wurzel	korzeń kóschen
Wurzelbehandlung	leczenie kanałowe letschénje kanawówe

Zahn	ząb somp
Zahnfleisch	dziąsła dschjónßwa
Zahnfleisch-entzündung	zapalenie dziąseł sapalénje dschjónßew

COVID-19

EU-COVID Impfzertifikat	Unijny Certyfikat Covid Unjini tsertifiká:t kowid
Wo ist das nächste COVID-19-Test-zentrum?	Gdzie jest najbliższe centrum testowe Corona? gdschje jeßt najblísch-sche tzentrum testówe korona
Ich benötige einen COVID-19-(Antigen-) Schnelltest / PCR-Test.	Potrzebuję szybkiego testu na COVID-19 (antygen) / testu PCR potschebúje schípkjego testu na korona (antigen) / testu pe-tze-er

Bank

Entschuldigen Sie bitte, wo ist hier ▸	Przepraszam ♂ pana / ♀ panią, gdzie tu jest ▸ pschepráscham ♂ pána / ♀ pánjo, gdschje tu jeßt ▸
▸ eine Bank?	▸ bank? bank?
▸ ein Geldautomat?	▸ bankomat? bankómat?

Ich möchte ... Euro umtauschen.	**♂ Chciałbym / ♀ Chciałabym wymienić ... euro.** ♂ chtscháubim / ♀ chtscháwabim wimjénitsch ... eúro.
Ich möchte ... Schweizer Franken umtauschen.	**♂ Chciałbym / ♀ Chciałabym wymienić ... franków szwajcarskich.** ♂ chtscháubim / ♀ chtscháwabim wimjénitsch ... fránkuf schwajtzárßkich.
Wie hoch sind die Gebühren?	**Jak wysokie są opłaty?** jak wißókje ßo opwáti?

Info Als **Kantor** kántor bezeichnet man Wechselstuben. Sie werden von Privatpersonen betrieben und weisen oft große Kursschwankungen auf. Zum Geldwechseln gehen Sie daher besser in eine Bank.

Der Geldautomat hat meine Karte einbehalten.	**Bankomat zatrzymał moją kartę.** bankómat satschímau mójo kárte.
Ich habe meine Geheimzahl vergessen.	**♂ Zapomniałem / ♀ Zapomniałam mój kod PIN.** ♂ sapomnjáwem / ♀ sapomnjáwam muj kot pin.

Weitere Wörter

Banküberweisung	**przelew bankowy** pschélef bankówi
Betrag	**suma** ßúma
EC-Karte	**karta debetowa** kárta debetówa
Euro	**euro** eúro
Geheimzahl	**kod PIN** kot pin
Geld	**pieniądze** pjenjóndse
Geldautomat	**bankomat** bankómat
Kreditkarte	**karta kredytowa** kárta kreditówa
Kurs	**kurs** kurß
Münze	**moneta** monéta
Schalter	**okienko** okjénko
Schweizer Franken	**franki szwajcarskie** fránki schfajtzárßkje
Überweisung	**przekaz** pschékaß
Unterschrift	**podpis** pódpiß
Währung	**waluta** walúta
Wechselstube	**kantor wymiany walut** kántor wimjáni wálut

Post

Wo ist das nächste Postamt?	**Gdzie jest najbliższa poczta?** gdschje jeßt najblísch-scha pótschta?

Was kostet eine Karte nach ...?	Ile kosztuje karta pocztowa do ...? íle koschtúje kárta potschtówa do ...?
Fünf Briefmarken zu ... bitte.	Pięć znaczków po ..., proszę. pjentsch snátschkuf po ..., prósche.
Ich möchte diesen Brief (per Express) aufgeben.	Ten list (ekspresem) proszę. ten lißt (ekßpréßem) prósche.
Ich möchte dieses Paket aufgeben.	♂ Chciałbym / ♀ Chciałabym nadać tę paczkę. ♂ chtscháubim / ♀ chtschávabim nádatsch te pátschke.

Weitere Wörter

Absender	nadawca nadáftza
Adresse	adres ádreß
Ansichtskarte	widokówka widokúfka
Briefmarke	znaczek snátschek
Päckchen	paczka pátschka
Postleitzahl	kod pocztowy kot potschtówi
schicken	wysłać wíßwatsch
Sondermarke	znaczek okolicznościowy snátschek okolitschnoschtschjówi
Wertangabe	podanie wartości podánje wartóschtschi
zerbrechlich	kruchy krúchi

Telefon, Internet

Wo kann ich hier telefonieren?	Skąd mogę telefonować? ßkont móge telefonówatsch?
Ich hätte gerne eine Prepaid-Karte.	Poproszę kartę prepaid. poprósche kárte pripéjd.
Wo gibt es kostenlosen WLAN-Zugang?	Gdzie znajdę bezpłatne połączenie Wi-Fi? gdschje snájde beßpwátne powontschénje wi-fi?
Welchen Computer kann ich benutzen?	Z którego komputera mogę skorzystać? ßkturégo komputéra móge ßkoschíßtatsch?
Bitte ändern Sie die Spracheinstellung auf Deutsch.	Proszę zmienić ustawienia językowe na niemiecki. prósche smjénitsch ußtawjénja jensikówe na njemjétzki.
Die Internetverbindung funktioniert nicht.	Połączenie internetowe nie funkcjonuje. powontschénje internetówe nje funktzjonuje.
Der Computer ist abgestürzt.	Komputer się zawiesił. kompúter schje sawjéschiw.

Reisewörterbuch

Deutsch–Polnisch

Die meisten polnischen Verben kommen paarweise vor: mit einer Form des unvollendeten Aspekts und mit einem vollendeten Aspekt. Der unvollendete Aspekt bezeichnet eine nicht abgeschlossene Handlung oder eine Handlung in ihrem Verlauf. Der vollendete Aspekt kennzeichnet eine Handlung als abgeschlossenes Geschehen oder in ihrer zeitlichen Begrenzung. Wir geben hier zuerst den unvollendeten Aspekt an und nach dem Schrägstrich den vollendeten. Wenn der vollendete Aspekt durch Hinzufügen einer Vorsilbe vor den unvollendeten Aspekt gebildet wird, haben wir die Vorsilbe in Klammern gesetzt.

A

Abend wieczór wjétschur
Abendessen kolacja kolátzja
abends wieczorem wjetschórem
aber ale ále
Abfahrt odjazd ódjaßt
Abfall odpady *pl* otpádi
abholen odbierać/odebrać odbjératsch/odébratsch
Abreise odjazd ódjaßt
Abschleppwagen samochód do holowania ßamóchut do holowánja
Adapter adapter adápter
Adresse adres ádreß
Alkohol alkohol alkóhol
alle wszyscy fschíßtzi; *(jeder)* każdy káschdi
allein sam *m* ßam; sama *f* ßáma
Allergie alergia alérgja
alles wszystko fschíßtko
alt stary ßtári
Alter wiek wjek
Altstadt stare miasto ßtáre mjáßto
Ampel światła schfjátwa

an przy *(+lok)* pschi
Ananas ananas anánaß
Andenken pamiątka pamjóntka
Änderung zmiana smjána; *(Korrektur)* poprawka popráfka
Anfang początek potschóntek
Anfänger początkujący *m* potschontkujóntzi
Angebot oferta oférta
angeln łowić ryby wówitsch ríbi
Angestellte pracownica pratzownítza; ~r pracownik pratzównik
Angst lęk lenk; *(Furcht)* strach ßtrach
Angst haben bać się batsch schje
ankommen przyjechać pschijéchatsch
Ankunft przyjazd pschíjaßt
Anlegestelle przystań pschíßtan
Anmeldung zameldowanie sameldowánje
anrufen (za)dzwonić (sa)dswónitsch
Anschluss połączenie powontschénje
Ansichtskarte widokówka widokúfka
anstatt zamiast sámjaßt
ansteckend zakaźny sakáschni
anstrengend męczący mentschóntzi
antik antyczny antítschni
Antwort odpowiedź *f* otpówjedsch
Anzahlung zaliczka salítschka
Anzug garnitur garnítur
Apfel jabłko jápko
Apotheke apteka aptéka
Appartement apartament apartáment
Aprikose morela moréla
April kwiecień kfjétschjen
Arbeit praca prátza
arbeiten pracować pratzówatsch
arbeitslos bezrobotna *f* besrobótna; bezrobotny *m* besrobótni

arm biedny bjédni
Arm ramię rámje
Armband bransoletka branßolétka
Art gatunek gatúnek; *(Weise)* sposób ßpóßup
Arzt lekarz lékasch
Ärztin lekarka lekárka
Aschenbecher popielniczka popjelnítschka
auch również rúwnjesch
Aufenthalt pobyt póbit
aufladen naładować nawadówatsch
aufschreiben zapisywać/zapisać sapißíwatsch/sapíßatsch
aufstehen wstawać/wstać fßtáwatsch/fßtatsch
Aufzug winda wínda
Auge oko óko
August sierpień schjérpjen
Ausflug wycieczka witschjétschka
ausfüllen *(Formular)* wypełniać/wypełnić wipéwnjatsch/wipéwnitsch
Ausgang wyjście wíjschtschje
ausgehen wychodzić/wyjść wichódschitsch/wijschtsch
Auskunft informacja informátzja
ausleihen wypożyczać/wypożyczyć wiposchítschatsch/wiposchítschitsch
Ausnahme wyjątek wijóntek
außen zewnątrz séwnontsch
außerhalb poza pósa
Aussicht widok wídok
Aussprache wymowa wimówa
aussteigen wysiadać/wysiąść wischjádatsch/wíschjonschtsch
Ausstellung wystawa wißtáwa
Ausverkauf wyprzedaż wipschédasch
ausverkauft wyprzedane wipschedáne
auswechseln wymieniać/wymienić wimjénjatsch/wimjénitsch

Ausweis **dowód** dówut; **legitymacja** legitimátzja
Auto **samochód** ßamóchut
Autobahn **autostrada** autoßtráda

B

Bäckerei **piekarnia** pjekárnja
Bad **łazienka** waschjénka
Badeanzug **strój kąpielowy** ßtruj kompjełówi
Badehose **kąpielówki** kompjelúfki
baden **kąpać się** kómpatsch schje
Badewanne **wanna** wán-na
Bahnhof **dworzec** dwóschetz
Bahnsteig **peron** péron
bald **wkrótce** fkrút-tze
Balkon **balkon** bálkon
Ball **piłka** píwka
Banane **banan** bánan
Bank **bank** bank
bar (bezahlen) **(płacić) gotówką** (pwátschitsch) gotófko
Bar **bar** bar
Bart **broda** bróda
Batterie **bateria** batérja
Bauernhof **gospodarstwo** goßpodárßtfo
Baum **drzewo** dschéwo
Baumwolle **bawełna** bawéwna
Beanstandung **reklamacja** reklamátzja
Becher **kubek** kúbek
Bedienung **obsługa** opßwúga
Bedingung **warunek** warúnek
beenden **(za)kończyć** (sa)kóntschitsch
Beginn **początek** potschóntek
beide **obaj** *m* óbaj
Beilage **dodatek** dodátek
Bein **noga** nóga
Beispiel **przykład** pschíkwad
beißen **gryźć/ugryźć** grischtsch/úgrischtsch
bekannt **znany** snáni
belästigen **napastować** napaßtówatsch

benutzen używać/użyć uschíwatsch/ uschítsch
Benzin benzyna bensína
bequem wygodny wigódni
Berg góra gúra
Beruf zawód sáwut
berühmt sławny ßwáwni
berühren dotykać/dotknąć dotíkatsch/dótknontsch
beschädigt uszkodzony uschkodsóni
Beschwerde skarga ßkárga
Besen miotła mjótwa
besetzt zajęty sajénti
Besichtigung zwiedzanie swjedsánje
Besitzer właściciel wuaschtschítschjel
besser lepiej lépjej
Bestätigung potwierdzenie potfjerdsénje
Besteck sztućce *pl* schtútschtze
Bestellung zamówienie samuwjénje
besuchen odwiedzać/ odwiedzić odwjéd-satsch/ odwjédsitsch
Betrag suma ßúma
betrunken pijany pijáni
Bett łóżko wúschko
Bettdecke kołdra kóudra
Bettwäsche pościel *f* póschtschjel
bewölkt pochmurnie pochmúrnje
bezahlen (za)płacić (sa)pwátschitsch
Bibliothek biblioteka bibljotéka
Biene pszczoła pschtschówa
Bier piwo píwo
Bild obraz óbraß; *(Foto)* zdjęcie sdjéntschje; *(Gemälde)* malowidło malowídwo
billig tani táni
biologisch biologiczny bjologítschni
Birne gruszka grúschka
bis do *(+gen)* do
bitte proszę prósche
Blatt kartka kártka
blau niebieski njebjéßki

bleiben pozostawać/ pozostać posoßtáwatsch/ posóßtatsch
Blitz błyskawica bwißkawítza
Blume kwiat kwjat
Bluse bluzka blúßka
Blut krew kref
Boden grunt grunt
Brand pożar póschar
brauchen potrzebować potschebówatsch
braun brązowy bronsówi
breit szeroki scheróki
Bremse hamulec hamúletz
brennen palić się pálitsch schje
Brief list lißt
Briefkasten skrzynka pocztowa ßkschínka potschtówa
Briefmarke znaczek snátschek
Brille okulary *pl* okulári
Brot chleb chlep
Brötchen bułka búwka
Brücke most moßt
Bruder brat brat
Brunnen studnia ßtúdnja
Brust pierś pjersch
Buch książka kschjónschka
buchen (za)rezerwować (sa) reserwówatsch
Bügeleisen żelazko scheláßko
bunt kolorowy kolorówi
Büro biuro bjúro
Bus autobus autóbuß
Busbahnhof dworzec autobusowy dwóschetz autobußówi
Butter masło máßwo

C

Campingplatz pole kempingowe póle kempingówe
CD płyta CD pwíta ßidí
Chef szef schef
Chefin szefowa schefowa
Cocktail koktajl kóktajl
Computer komputer kompúter
Cousin kuzyn kúsin
Cousine kuzynka kusínka

D

Dach dach dach
Dame dama dáma
danach potem pótem
danke dziękuję dschjenkúje
dasselbe to samo to ßámo
Datum data dáta
Dauer trwanie trfánje; *(Zeitspanne)* okres ókreß
Decke *(Überwurf)* narzuta naschúta; *(Wolldecke)* koc kotz; *(Zimmerdecke)* sufit ßúfit
Denkmal pomnik pómnik
Deo dezodorant desodórant
Desinfektionsmittel środek dezynfekujący schródek desinfekujóntzi
deutlich wyraźny wiráschni
deutsch niemiecki njemjétzki; auf Deutsch po niemiecku po njemjétzku
Deutsche Niemka njémka; ~r Niemiec njémjetz
Deutschland Niemcy *pl* njémtzi
Dezember grudzień grúdschjen
Diät dieta djéta
dick gruby grúbi
Dienstag wtorek ftórek
Digitalkamera kamera cyfrowa kaméra tsifrówa
direkt bezpośrednio *adv* beßposchrédnjo
doch jednak jédnak
Dolmetscher(in) tłumacz(ka) twúmatsch(ka)
Donner grzmot gschmot
Donnerstag czwartek tschfártek
Doppelbett podwójne łóżko podwújne wúschko
Doppelzimmer pokój dwuosobowy pókuj dwúoßobowi
Dorf wieś wjesch
dort tam tam
Dose puszka púschka
Dosenöffner otwieracz do puszek otwjératsch do púschek
draußen na zewnątrz na séwnontsch

dringend **pilnie** *adv* pílnje
drinnen **wewnątrz** wéwnontsch
Drogerie **drogeria** drogérja
drucken **drukować** drukówatsch
du **ty** ti
dunkel **ciemny** tschjémni
dünn **cienki** tschjénki
Durchfall **biegunka** bjegúnka
dürfen **móc** mutz
Durst **pragnienie** pragnjénje
Dusche **prysznic** príschnitz
Duschgel **żel pod prysznic** schel pot príschnitz
DVD **dvd** diwidí

E

Ebbe **odpływ** ótpwif
echt **prawdziwy** prawdschíwi
EC-Karte **karta debetowa** kárta debetówa
Ecke **kąt** kont
Ehe **małżeństwo** mauschénßtfo
Ehefrau **żona** schóna
Ehemann **mąż** monsch
Ehepaar **para małżeńska** pára mauschénßka
Ei **jajko** jájko
Eimer **wiadro** wjádro
Einbahnstraße **ulica jednokierunkowa** ulítza jednokjerunkówa
einfach **prosty** próßti
Einfahrt **wjazd**
einfarbig **jednokolorowy** jednokolorówi
Eingang **wejście** wéjschtschje
einkaufen **robić zakupy** róbitsch sakúpi
Einkaufszentrum **centrum handlowe** tzéntrum handlówe
Einladung **zaproszenie** saproschénje
einmal **kiedyś** kjédisch; **jeden raz** jéden raß
einsteigen **wsiadać/wsiąść** fschjádatsch/ fschjonschtsch
Eintritt **wstęp** fßtemp

Eintrittskarte bilet wstępu bílet fßtémpu
Einwohner mieszkaniec mjeschkánjetz
einzeln pojedynczy pojedíntschi
Einzelzimmer pokój jednoosobowy pókuj jédno-oßobowi
Eis lód lut
Elektriker elektryk *m/f* eléktrik
Eltern rodzice rodschítze
E-Mail-Adresse adres e-mail ádreß ímejl
Empfang przyjęcie pschijéntschje
empfehlen polecać/polecić polétzatsch/polétzitsch
Ende koniec kónjetz
Endreinigung sprzątanie końcowe ßpschontánje kontzówe
Endstation stacja końcowa ßtátzja kontzówa
eng ciasny tschjáßni
Enkel wnuk wnuk
Enkelin wnuczka wnútschka
Entfernung odległość *f* odlégwoschtsch
Entschädigung odszkodowanie otschkodowánje
Entschuldigung! Przepraszam! pschepráscham!
entwerten kasować/skasować kaßówatsch/ßkaßówatsch
Entzündung zapalenie sapalénje
er on on
Erdbeeren truskawki trußkáfki
Erde ziemia schjémja
Erdgeschoss parter párter
Erdnüsse orzeszki ziemne oschéschki schjémne
Erfolg powodzenie powodsénje
Erholung rekreacja rekreátsja; *(Ruhe, Rast)* odpoczynek otpotschínek
Erkältung przeziębienie pscheschjembjénje

Erklärung wyjaśnienie wijaschnjénje
erlauben zezwalać/zezwolić seswálatsch/seswólitsch
Ermäßigung zniżka snischka
ernst poważny powáschni
Ersatzteil część zamienna tschénschtsch samjén-na
Erwachsene dorosła doróßwa
Erwachsener dorosły doróßwi
erwarten oczekiwać otschekíwatsch
essen (z)jeść (s)jeschtsch
Essen jedzenie jedsénje
Essig ocet ótzet
Etage piętro pjéntro
etwas coś tzosch
Euro euro eúro

F

Fähre prom prom
fahren jechać jéchatsch; *(Autos)* jeździć/jechać jéschdschitsch/jéchatsch; *(Schiffe)* pływać pwíwatsch
Fahrer(in) kierowca kjeróftza
Fahrkarte bilet bílet
Fahrplan rozkład jazdy róßkwat jásdi
Fahrpreis cena biletu tzéna bilétu
Fahrrad rower rówer
Fahrradweg droga rowerowa dróga rowerówa
Fahrstuhl winda wínda
Fahrt jazda jásda; *(Reise)* podróż pódrusch
falsch fałszywy fauschíwi
Familie rodzina rodschína
Farbe kolor kólor
fast prawie práwje
Februar luty lúti
fehlen brakować brakówatsch
Fehler błąd bwont
Feiertag święto schfénto
Feld pole póle
Fenster okno ókno
Fensterplatz miejsce przy oknie mjéjßtze pschi óknje
Ferienhaus dom wczasowy dom ftschaßówi

Fernseher telewizor telewísor
fertig gotowy gotówi
Fest uroczystość
feucht wilgotny wilgótni
Feuer ogień ógjen
Feuerlöscher gaśnica gaschnítza
Feuerwehr straż pożarna ßtrasch poschárna
Feuerzeug zapalniczka sapalnítschka
Fieber gorączka goróntschka
Film film film
finden znaleźć snáleschtsch
Finger palec páletz
Firma firma fírma
Fisch ryba ríba
fischen łowić ryby wówitsch ríbi
FKK-Strand plaża dla nudystów pláscha dla nudíßtuf
flach płaski puáßki; *(seicht)* płytki pwítki
Flasche butelka butélka
Flaschenöffner otwieracz do butelek otwjératsch do butélek
Fleck plama pláma
Fleisch mięso mjénßo
fliegen latać/lecieć látatsch/létschjetsch
Flohmarkt pchli targ pchli tárk
Flughafen lotnisko lotníßko
Flugzeug samolot ßamólot
Fluss rzeka schéka
Flut przypływ pschípwif
Föhn suszarka do włosów ßuschárka do wuóßuf
Formular formularz formúlasch
Foto zdjęcie sdjéntschje
fotografieren fotografować fotografówatsch
fragen pytać pítatsch
Frau kobieta kobjéta; *(Anrede)* pani páni; *(Ehefrau)* żona schóna
frei wolny wólni
Freitag piątek pjóntek
fremd obcy óptzi
(sich) freuen cieszyć (się) tschjéschitsch (schje)
Freund przyjaciel pschijátschjel; *(Partner)* chłopak chwópak

Freundin **przyjaciółka** pschijatschjúwka; *(Partnerin)* **dziewczyna** dschjeftschína
freundlich **uprzejmy** upschéjmi
Friedhof **cmentarz** tzméntasch
frieren **marznąć** mársnontsch
Friseursalon **fryzjerski** frísjerski
früh **wcześnie** ftschéschnje
Frühling **wiosna** wjóßna
Frühstück **śniadanie** schnjadánje
fühlen **czuć** tschutsch
Führerschein **prawo jazdy** práwo jásdi
Führung **oprowadzanie** oprowadsánje
Fundbüro **biuro rzeczy znalezionych** bjúro schétschi snaleschjónich
funktionieren **działać** dschjáwatsch
für **dla** *(+gen)* dla
Fuß **stopa** ßtópa
Fußball **piłka nożna** píwka nóschna
Fußgängerzone **strefa dla pieszych** ßtréfa dla pjéschich

G

Gabel **widelec** widéletz
Gans **gęś** gensch
ganz **cały** tzáwi
Garantie **gwarancja** gwarántzja
Garderobe **szatnia** schátnja
Garten **ogród** ógrut
Gaskocher **kuchenka gazowa** kuchénka gasówa
Gast **gość** goschtsch
Gastgeber **gospodarz** goßpódasch
Gastgeberin **gospodyni** goßpodini
Gebäck **ciastka** tschjáßtka
Gebäude **budynek** budínek
geben **dawać/dać** dáwatsch/ datsch
Gebirge **góry** gúri

gebrochen złamany swamáni
Gebühr opłata opwáta
Geburtstag urodziny urodschíni
Gedeck nakrycie nakrítschje
Gefahr niebezpieczeństwo njebeßpjetschénßtwo
gefährlich niebezpieczny njebeßpjétschni
gefallen podobać się podóbatsch schje
gegen przeciw *(+dat)* pschétschif
Gegend region régjon; *(Nähe)* pobliże poblísche; *(Umgebung)* okolica okolítza
Gegenteil przeciwieństwo pschetschiwjénßtfo
gegenüber na przeciwko *(+gen)* na pschetschífko
Geheimzahl kod PIN kot pin
gehen chodzić/iść chódschitsch/ischtsch
Gel żel schel
gelb żółty schúwti
Geld pieniądze pjenjóndse
Geldautomat bankomat bankómat
Gemälde obraz óbraß
gemeinsam wspólnie wßpúlnje; razem rásem
Gemüse warzywa waschíwa
gemütlich *(gesellig)* przyjemny pschijémni
genug dosyć dóßitsch
geöffnet otwarty otfárti
Gepäck bagaż bágasch
Gepäckaufbewahrung przechowalnia bagażu pschechowálnja bagáschu
Gepäckträger bagażnik bagáschnik
geradeaus prosto próßto
Geräusch *(Laut)* odgłos ótgwoß
Gericht *(Speise)* potrawa potráwa
gern chętnie chéntnje
Geruch zapach sápach
Geschäft *(Laden)* sklep ßklep; *(Handel)* interes intéres

geschäftlich służbowy ßwuschbówi
Geschäftsführer kierownik kjerównik
Geschäftsführerin kierowniczka kjerownitzka
Geschenk prezent présent
Geschichte historia hißtórja
geschieden rozwiedziony roswjedschjóni
Geschirr naczynia natschínja
Geschirrtuch ścierka do naczyń schtschjérka do nátschin
geschlossen zamknięty samknjénti
Geschmack smak ßmak
Geschwindigkeit prędkość préntkoschtsch
Geschwister rodzeństwo rodsénßtfo
Gesetz prawo práwo
Gesicht twarz tfasch
Gespräch rozmowa rosmówa
gestern wczoraj ftschóraj
gesund zdrowy sdrówi
Getränk napój nápuj
Gewicht ciężar tschjénschar
gewinnen wygrać wígratsch
Gewitter burza búscha
Gewürze przyprawy pschipráwi
giftig trujący trujóntzi
Gipfel szczyt schtschit
Glas szklanka schklánka
glatt gładki gwátki
glauben wierzyć wjéschitsch
Gleis tor tor
Glück szczęście schtschénschtschje
glücklich szczęśliwy schtschénschlíwi
Glühbirne żarówka scharúfka
glutenfrei bezglutenowy beßglutenówi
Gold złoto swóto
Grad stopień ßtópjen
Gras trawa tráwa
Gräte ość oschtsch
gratis za darmo
gratulieren gratulować gratulówatsch
grau siwy schíwi
Grenze granica granítza

groß **duży** dúschi
Größe *(Person)* **wielkość** wjélkoschtsch; *(Kleidung, Schuhe)* **rozmiar** rósmjar
Großmutter **babcia** báptschja
Großvater **dziadek** dschjádek
grün **zielony** schjelóni
Grund *(Ursache)* **przyczyna** pschitschína
Gruppe **grupa** grúpa
gültig **ważny** wáschni
Gürtel **pasek** páßek
gut **dobry** dóbri

H

haben **mieć** mjetsch
Hafen **port** port
Hagel **grad** grat
halb **pół** puw
Halbinsel **półwysep** puw-wíßep
Hälfte **połowa** powówa
Hals **gardło** gárdwo
Halstuch **chustka na szyję** chúßtka na schíje
halten **trzymać** tschímatsch; *(anhalten)* **zatrzymać** satschímatsch
Haltestelle **przystanek** pschißtánek
Hammer **młotek** mwótek
Hand **ręka** rénka
Handgepäck **bagaż pod ręczny** bágasch pot réntschni
Handtasche **torebka** torépka
Handtuch **ręcznik** réntschnik
Handy **telefon komórkowy** teléfon komurkówi
Handynummer **numer telefonu komórkowego** númer telefónu komurkowégo
hart **twardy** twárdi
Hase **zając** sájonts
häufig **często** tschénßto
Hauptgericht **danie główne** danje gwúwne
Hauptsaison **szczyt sezonu** schtschit ßesónu
Hauptstadt **stolica** ßtolítza
Haus **dom** dom

Hausfrau **gospodyni domowa** goßpodíni domówa
hausgemacht **domowej roboty** domówej robóti
Haustier **zwierzę domowe** swjesche domówe
Haut **skóra** ßkúra
heiraten **poślubić** poschlúbitsch
heiß **gorący** gorọ́ntzi
heißen **nazywać się** nasíwatsch schje; *(bedeuten)* **znaczyć** snátschitsch
Heizung **ogrzewanie** ogschewánje
helfen **pomagać/pomóc** pomágatsch/pómutz
hell **jasny** jáßni
Helm **kask ochronny** kaßk ochrón-ni
Hemd **koszula** koschúla
Herbst **jesień** jéschjen
Herd **piec** pjetz
Herr **pan** pan
Herz **serce** ßértze
Heuschnupfen **katar sienny** kátar schjén-ni
heute **dzisiaj** dschíschjaj
hier **tutaj** tútaj
Hilfe **pomoc** pómotz
Himbeeren **maliny** malíni
Himmel **niebo** njébo
hinten **w tyle** ftíle
hinter **za** *(+instr)* sa
Hitze **upał** úpau
hoch **wysoki** wißóki
höflich **grzeczny** gschétschni
Höhe **wysokość** wißókoschtsch
Höhle **jaskinia** jaßkínja
holen **przynosić/przynieść** pschinóschitsch/pschínjeschtsch
Holz **drewno** dréwno
homöopathisch **homeopatyczny** home-opatítschni
hören **słyszeć** ßwíschetsch; *(Musik)* **słuchać** ßwúchatsch
Hose **spodnie** ßpódnje
Hotel **hotel** hótel
hübsch **ładny** wádni

Hund pies pjeß
Hunger głód gwut
Husten kaszel káschel
Hut kapelusz kapélusch
Hütte chata cháta

I

ich ja ja
Idee idea idéa
im Voraus z góry sgúri
immer zawsze sáfsche
in w *(wohin?+akk)/(wo?+lok)* w
inbegriffen wliczony wlitschóni
Infektion infekcja inféktzja
Information informacja informátzja
Innenstadt śródmieście schrudmjéschtschje
Insekt owad ówat
Insektenstich użądlenie uschondlénje
Insel wyspa wíßpa
insgesamt *(zusammen)* razem rásem; *(inklusive)* łącznie wóntschnje
intelligent inteligentny inteligéntni
interessant interesujący intereßujóntzi
international międzynarodowy mjendsinarodówi
Internet internet intérnet
Isomatte mata izolacyjna máta isolatzíjna

J

ja tak tak
Jahr rok rok
Jahrhundert stulecie ßtulétschje
Januar styczeń ßtítschen
jemand ktoś ktosch
jetzt teraz téraß
Job praca prátza
joggen biegać bjégatsch
Joghurt jogurt jógurt
Jugendherberge schronisko młodzieżowe ßchroníßko mwodschjeschówe
Juli lipiec lípjetz
jung młody mwódi

Junge chłopiec chwópjetz
Juni czerwiec tschérwjetz
Juweliergeschäft jubiler jubíler

K

Kaffee kawa káwa
Kaffeemaschine ekspres do kawy ékßpreß do káwi
Kajak kajak kájak
Kalbfleisch cielęcina tschjelentschína
Kalender kalendarz kaléndasch
kalt zimny schímni
Kamin kominek komínek
Kanal kanał kánau
Kanu kanu kánu
kaputt zepsuty sepßúti
Karte karta kárta
Kartoffeln ziemniaki schjemnjáki
Käse ser ßer
Kasse kasa káßa
Katalog katalog katálok
katholisch katolicki katolítzki
Katze kot kot
kaufen kupować/kupić kopówatsch/kúpitsch
Kaution kaucja káutzja
Kekse herbatniki herbatníki
Kellner kelner kélner
Kellnerin kelnerka kelnérka
kennen znać snatsch
kennenlernen poznać pósnatsch
Kerzen świeczki schwjétschki
Ketchup keczup kétschup
Kette *(Schmuck)* łańcuszek wantzúschek
Kilometer kilometr kilómetr
Kind dziecko dschjétzko
Kinderarzt pediatra pedjátra
Kinderbett łóżko dla dziecka wúschko dla dschjétzka
Kindersitz siedzonko dla dziecka schjedsónko dla dschjétzka
Kinderwagen wózek dziecięcy wúsek dschjetschjéntzi
Kino kino kíno
Kirche kościół kóschtschjuw

Kirschen czereśnie tscheréschnje
Kissen poduszka podúschka
klar jasny jáßni
Kleid suknia ßúknja
Kleiderbügel wieszak wjéschak
klein mały máwi
Klima klimat klímat
Klimaanlage klimatyzacja klimatisátzja
Klingel dzwonek dswónek
klingeln dzwonić dswónitsch
klug mądry móndri
Kneipe knajpa knájpa
Knie kolano koláno
Knoblauch czosnek tschóßnek
Knopf *(Druckknopf)* przycisk pschítschißk; *(Kleidung)* guzik gúschik
koffeinfrei bezkofeinowy beßkofeinówi
Koffer walizka walíßka
kommen przychodzić/przyjść pschichódschitsch/pschijschtsch
Konditorei cukiernia tzukjérnja
Kondom prezerwatywa preserwatíwa
können móc mutz; *(vermögen)* umieć úmjetsch
Konzert koncert kóntzert
Kopf głowa gwówa
Kopfkissen poduszka podúschka
Kopie kopia kópja
Korkenzieher korkociąg korkótschjong
kosten kosztować koschtówatsch
kostenlos bezpłatny beßpwátni
krank chory chóri
Krankenhaus szpital schpítal
Krankheit choroba choróba
Kräuter zioła schjówa
Krawatte krawat kráwat
Kreditkarte karta kredytowa kárta kreditówa
Kreuzung skrzyżowanie ßkschischowánje
Krücke kula kúla

Küche **kuchnia** kúchnja
Kuchen **ciasto** tschjáßto
Kuh **krowa** krówa
kühl **chłodno** chwódno
Kühlschrank **lodówka** lodúfka
Kühltasche **lodówka turystyczna** lodúfka turißtítschna
Kunde **klient** klíjent
Kundin **klientka** klijentka
Kunst **sztuka** schtúka
Kurs **kurs** kurß
Kurve **zakręt** sákrent
kurz **krótki** krútki
Kuss **pocałunek** potzawúnek
küssen **(po)całować** (po)tzawówatsch
Küste **wybrzeże** wibschésche

L

lachen **śmiać się** schmjatsch schje
Ladegerät **ładowarka** wadowárka
Ladekabel **kabel do ładowarki** kábel do wadowárki
laktosefrei **bez laktozy** beß laktósi
Lamm **jagnię** jágnje
Lampe **lampa** lámpa
Land **kraj** kraj
Landschaft **krajobraz** krajóbraß
Landstraße **szosa** schóßa
lang **długi** dwúgi
Länge **długość** dwúgoschtsch
langsam **powoli** powóli
langweilig **nudny** núdni
Lärm **hałas** háwaß
laut **głośno** gwóschno
leben **żyć** schitsch
Lebensmittelgeschäft **sklep spożywczy** ßklep ßposchíftschi
lecker **pyszny** píschni
Leder **skóra** ßkúra
ledig **stanu wolnego** ßtánu wolnégo
leer **pusty** púßti

legen kłaść/położyć kwaschtsch/powóschitsch
Lehrer(in) nauczyciel(ka) nautschítschjel(ka)
leicht lekki lék-ki
leider niestety njeßtéti
leihen pożyczać/pożyczyć poschítschatsch/poschítschitsch
Leinen płótno pwútno
leise cichy tschíchi
lernen (na)uczyć się (na)útschitsch schje
lesen (prze)czytać (psche)tschítatsch
Leuchtturm latarnia morska latárnja mórßka
Leute ludzie lúdschje
Licht światło schwjátwo
Lichtschutzfaktor wskaźnik fßkáschnik
lieben kochać kóchatsch
Lied pieśń *f* pjeschn
Liegestuhl leżak léschak
lila fioletowy fjoletówi
Limonade lemoniada lemonjáda
links po lewej stronie po léwej ßtrónje
Loch dziura dschjúra
Locken loki lóki
Löffel łyżka wíschka
Luft powietrze powjétsche
Luftpumpe pompka do roweru pómpka do rowéru
Lüge kłamstwo kwámßtfo
Lunge płuca pwútza
lustig wesoły weßówi

M

machen (z)robić (s)róbitsch
Mädchen dziewczyna dschjeftschína
mager chudy chúdi
Mai maj maj
Mais kukurydza kukurídsa
man się schje
manchmal niekiedy njekjédi
Mann mężczyzna menschtschísna; *(Ehemann)* mąż monsch
Markt rynek rínek
Marktplatz rynek
März marzec máschetz

Maschine maszyna maschína
Massage masaż máßasch
Material materiał matérjau
Matratze materac matératz
Mauer mur mur
Medikament lekarstwo lekárßtfo
Meer morze mósche
mehr *(qualitativ)* bardziej bárdschjej; *(quantitativ)* więcej wjéntzej
Mehrwertsteuer podatek VAT podátek wat
Meinung zdanie sdánje
Mensch człowiek tschwówjek
Menü jadłospis jadwóspiß
Messer nóż nusch
Meter metr metr
Miete czynsz tschinsch
Milch mleko mléko
Mineralwasser woda mineralna wóda minerálna
Minute minuta minúta
Missverständnis nieporozumienie njeporosumjénje
mit z *(+instr)* s
Mitglied członek tschwónek
mitnehmen zabierać/zabrać ze sobą sabjératsch/sábratsch se ßóbo
Mittagessen obiad óbjat
mittags w południe fpowúdnje
Mitte środek schródek
Mittwoch środa schróda
Möbel meble méble
modern nowoczesny nowotschéßni
mögen lubić lúbitsch
möglich możliwy moschlíwi
Moment moment móment; chwila chwíla
Monat miesiąc mjéschjontz
Mond księżyc kschjénschitz
Montag poniedziałek ponjedschjáwek
morgen jutro jútro
morgens rano ráno
Motor motor mótor
Motorboot motorówka motorúfka
Motorrad motor mótor

Möwe **mewa** méwa
Mücke **komar** kómar
müde **zmęczony** smentschóni
Mühe **trud** trut
Müll **śmieci** *pl* schmjétschi
Mülleimer **kosz na śmieci** kosch na schmjétschi
Mund **usta** úßta
Münze **moneta** monéta
Muscheln **muszle** múschle
Museum **muzeum** muséum
Musik **muzyka** musíka
Müsli **muesli** múßli
müssen **musieć** múschjetsch
Mutter **matka** mátka
Muttersprache **język ojczysty** jénsik ojtschíßti
Mütze **czapka** tschápka

N

Nachbar **sąsiad** ßónschjat; ~in **sąsiadka** ßonschjátka
Nachmittag **popołudnie** popowúdnje
Nachricht **wiadomość** *f* wjadómoschtsch
Nachsaison **po sezonie** po ßesónje
nächste(r, s) **następny** naßtémpny
Nacht **noc** notz
Nachtisch **deser** déßer
nackt **nagi** nági
Nadel **igła** ígwa
Nagel **gwóźdź** gwuschtsch; *(Fingernagel)* **paznokieć** pasnókjetsch
Name **nazwa** náswa
Nase **nos** noß
nass **mokro** mókro
Nationalpark **park narodowy** park narodówi
Natur **przyroda** pschiróda
Naturschutzgebiet **rezerwat przyrody** resérwat pschiródi
Navigationsgerät **nawigacja GPS** nawigátzja
Nebel **mgła** mgwa
neben **obok** *(+gen)* óbok
nehmen **brać/wziąć** bratsch/wschjontsch
nein **nie** nje
nervös **nerwowy** nerwówi

nett **miły** míwi
Netz **sieć** schjetsch
neu **nowy** nówi
neugierig **ciekawy** tschjekáwi
Neujahr **Nowy Rok** nówi rok
nicht **nie** nje
nichts **nic** nitz
nie **nigdy** nígdi
niedrig **niski** nísski
niemand **nikt** nikt
noch **jeszcze** jéschtsche
Norden **północ** púwnotz
normal **normalny** normálni
Notarzt **lekarz pogotowia ratunkowego** lékasch pogotówja ratunkowégo
Notausgang **wyjście awaryjne** wíjschtschje awaríjne
Notfall **nagły przypadek** nágwi pschipádek
Notruf **numer alarmowy**
November **listopad** lisstópat
Nudeln **makaron** makáron
Nummer **numer** númer
nur **tylko** tílko
Nuss **orzech** óschech
nützlich **pożyteczny** poschitétschni

O

oben **na górze** na gusche
Obst **owoce** owótze
oder **albo** álbo
offen **otwarty** otfárti
öffentlich **publiczny** publítschni
öffnen **otworzyć** otfóschitsch
Öffnungszeiten **godziny otwarcia** godschíni otfártschja
oft **często** tschénsto
ohne **bez** *(+gen)* bess
Ohr **ucho** úcho
ökologisch **ekologiczny** ekologítschni
Oktober **październik** paschdschjérnik
Öl **olej** ólej
Oliven **oliwki** olífki
Onkel **wujek** wújek
Oper **opera** opéra

Orange pomarańcza pomarántscha
Ordnung porządek poschóndek
Original oryginał oriqínau
Ort miejsce mjéjßtze
Osten wschód fßchut
Ostern Wielkanoc wjelkánotz
Österreich Austria áußtrja
Österreicher Austriak aúßtrjak; ~in Austriaczka außtrjátschka

P

Paar para pára
Packung paczka pátschka
Papier papier pápjer
Papiere dokumenty dokuménti
Parfüm perfumy perfúmi
Park park park
parken (za)parkować (sa)parkówatsch
Parkhaus parking wielopoziomowy párking wjeloposjomówi
Parkplatz parking párking
Parkuhr parkometr parkómetr
Parkverbot zakaz parkowania sákaß parkowánja
Pass paszport páschport
Passwort hasło háßwo
Pause przerwa pschérwa
Pension pensjonat
Person osoba oßóba
Personalausweis dowód osobisty dówut oßobíßti
Pfanne patelnia patélnja
Pfeffer pieprz pjépsch
Pfeife fajka fájka
Pferd koń kon
Pfirsich brzoskwinia bschoßkwínja
Pflanze roślina roschlína
Pflaster plaster pláßter
Pflaume śliwka schlífka
Pilze grzyby gschíbi
Pinzette pincetka pintzétka
Plan plan plan
Platz plac platz; *(Sitzplatz)* miejsce mjéjßtze
plötzlich nagle nágle

Pole Polak pólak
Polen Polska pólßka
Polin Polka pólka
Polizei policja
Polizist(in) policjant(ka) polítzjant(ka)
polnisch polski pólßki; auf Polnisch po polsku po pólßku
Portion porcja pórtzja
Post(amt) poczta pótschta
Postkarte pocztówka potschtúfka
Preis cena tzéna
preisgünstig niedrogi njedrógi
privat prywatny priwátni
Problem problem próblem
Produkt produkt pródukt
Programm program prógram
Prospekt prospekt próßpekt
Pullover sweter ßwéter
Pulver proszek próschek
pünktlich punktualny punktuálni
putzen (wy)czyścić (wi)tschíschtschitsch
Putzmittel środek do czyszczenia schródek do tschischtschénja

Q

Qualität jakość jákoschtsch
Qualle meduza medúsa
Quelle źródło schrúdwo
Quittung pokwitowanie pokfitowánje

R

Rabatt rabat rábat
Radio radio rádjo
Radweg droga rowerowa dróga rowerówa
rasieren golić gólitsch
Raststätte restauracja przy autostradzie reßtaurátzja pschi autoßtrádschje
Rathaus ratusz rátusch
Rauch dym dim
rauchen palić pálitsch
Rechnung rachunek rachúnek

rechts po prawej stronie po práwej ßtrónje
reden *(miteinander)* rozmawiać rosmáwjatsch; *(sprechen)* mówić múwitsch
Regel reguła regúwa
regelmäßig regularnie regulárnje
Regenschirm parasol paráßol
Regierung rząd schont
Region region régjon
regional regionalny regjonálni
regnerisch deszczowo deschtschówo
reich bogaty bogáti
Reihe rząd schont
Reinigung pralnia chemiczna prálnja chemítschna
Reis ryż risch
Reise podróż pódrusch
Reisebüro biuro podróży bjúro podrúschi
Reisepass paszport
Reisetasche torba podróżna tórba podrúschna
reiten jeździć konno jéschdschitsch kón-no
Rentner rencista rentschíßta; ~in rencistka rentschíßtka
Reparatur naprawa napráwa
reserviert zarezerwowany sareserwowáni
Rest reszta réschta
Restaurant restauracja reßtaurátzja
Rettungsring koło ratunkowe kówo ratunkówe
Rezept recepta retzépta
Rezeption recepcja retzéptzja
richtig poprawnie poprábwnje
Richtung kierunek kjerúnek
Ring pierścionek pjerschtschjónek
Rock spódnica ßpudnítza
roh surowy ßurówi
Rollstuhl wózek inwalidzki wúsek inwalítzki
Rolltreppe ruchome schody ruchóme ßchódi

rosa różowy ruschówi
Rose róża rúscha
Rosmarin rozmaryn rosmárin
rot czerwony tscherwóni
Rotwein wino czerwone wíno tscherwóne
Rücken plecy plétzi
Rückgabe zwrot swrot
Rucksack plecak plétzak
rückwärts do tyłu do tíwu
Ruderboot łódź wiosłowa wudsch wjoßwówa
Ruhe spokój ßpókuj
ruhig spokojny ßpokójni
Rundfahrt wycieczka po morzu witschjétschka po móschu

S

Sackgasse ślepa uliczka schlépa ulítschka
Saft sok ßok
sagen mówić múwitsch
Sahne śmietana schmjetána
Salat sałata ßawáta
Salbe maść maschtsch
Salz sól ßul
salzig słony ßwóni
sammeln zbierać/zebrać sbjératsch/sébratsch
Samstag sobota ßobóta
Sand piasek pjáßek
Sandstrand plaża piaszczysta plás̮cha pjaschtschíßta
satt syty ßíti
satt sein być sytym bitsch ßítim
Satz zdanie sdánje
sauber czysty tschíßti
sauer *(Speise)* kwaśny kfáschni
Säugling niemowlę *n* njemówle
Sauna sauna ßáuna
Schaden szkoda schkóda
Schaf owca ówtsa
Schaffner(in) konduktor(ka) kondúktor(ka)
Schal szal schal
Schalter *(elektrisch)* wyłącznik wiwóntschnik; *(Fahrkarten, Bank usw.)* okienko okjénko

scharf ostry óßtri
Schatten cień tschjen
Schaufenster wystawa wißtáwa
Schauspieler aktor áktor; ~in aktorka aktórka
Schere nożyczki *pl* noschítschki
schicken wysyłać/wysłać wißíwatsch/wíßwatsch
Schiff statek ßtátek
Schild szyld schilt
schimmelig spleśniały ßpleschnjáwi
schlafen spać ßpatsch
Schlafsack śpiwór schpíwur
Schlafwagen wagon sypialny wágon ßipjálni
schlank szczupły schtschúpwi
Schlauchboot ponton pónton
schließen zamykać/zamknąć samíkatsch/sámknontsch
Schließfach skrytka na bagaż ßkrítka na bágasch
schlimm zły swi; źle *adv* sche
Schloss zamek sámek
Schluss koniec kónjetz
Schlüssel klucz klutsch
Schlussverkauf wyprzedaż sezonowa wipschédasch ßesonówa
schmal wąski wónßki
schmecken smakować ßmakówatsch
Schmerz ból bul
Schmerzmittel środek przeciwbólowy schródek pschetschif-bulówi
Schmetterling motyl mótil
Schmuck biżuteria bischutérja
schmutzig brudny brúdni
Schnee śnieg schnjeg
schnell szybko schípko
Schnuller smoczek ßmótschek
Schnupfen katar kátar
Schokolade czekolada tschekoláda
schön ładny wádni
Schrank szafa scháfa
Schraubenzieher śrubokręt schrubókrent

schreiben (za)pisać (sa)píßatsch
schreien krzyczeć kschítschetsch
Schuhe buty búti
Schule szkoła schkówa
Schulter ramię rámje
schwach słaby ßwábi
schwanger w ciąży ftschjónschi
schwarz czarny tschárni
Schwein świnia schwínja
Schweizer Szwajcar schfájtzar; ~in Szwajcarka schfajtzárka
schwer ciężki tschjénschki
Schwester siostra schjóßtra
schwierig trudny trúdni
Schwimmbad basen báßen
schwimmen pływać pwíwatsch
Schwimmweste kamizelka ratunkowa kamisélka ratunkówa
schwül parno párno
See jezioro jeschjóro
Segelboot żaglówka schaglúfka
segeln żeglować scheglówatsch
sehen widzieć wídschjetsch
Sehenswürdigkeiten zabytki sabítki
sehr bardzo bárdso
Seide jedwab jédwap
Seife mydło mídwo
Seil lina lína
seit od *(+dat)* ot
Sekunde sekunda ßekúnda
Selbstbedienung samoobsługa ßamo-obswúga
selbstständig samodzielny ßamodschjélni
selten rzadki schátki
Senf musztarda muschtárda
September wrzesień wschéschjen
Serviette serwetka ßerwétka
Sessel fotel fótel
Sex seks ßekß
Shampoo szampon schámpon
sicher pewny péwni

Sicherheitsgurt pas bezpieczeństwa pas beßpjetschénßtfa
Sicherung bezpiecznik beßpjétschnik
Sicht *(Ausblick)* widok *f* wídok; *(Sichtweite)* widoczność *f* widótschnoschtsch
Silber srebro ßrébro
Silvester Sylwester ßilwéßter
singen śpiewać schpjéwatsch
sinnlos bezsensowny beß-ßenßówni
sinnvoll sensowny ßenßówni
SMS sms éßemeß
Socken skarpety ßkarpéti
sofort natychmiast natíchmjaßt
sogar nawet náwet
Sohn syn ßin
Sommer lato láto
Sonderangebot oferta specjalna oférta ßpetzjálna
Sonne słońce ßwóntze
Sonnenbrille okulary przeciwsłoneczne okulári pschétschif-ßwonétschne
Sonnencreme krem do opalania krem do opalánja
Sonnenhut kapelusz na słońce kapélusch na swóntze
Sonntag niedziela njedschjéla
Soße sos ßoß
Spaß *(Scherz)* żart schart
spät późno púschno
Spaziergang spacer ßpátzer
Speicherkarte karta pamięci kárta pamjéntschi
speichern zapamiętać sapamjéntatsch
Speisekarte menu menú
Speisewagen wagon restauracyjny wágon reßtauratzíjni
Spezialität specjalność ßpetzjálnoschtsch
Spiegel lustro lúßtro
Spiegelreflexkamera lustrzanka lußt-schánka

Spielkarten **karty do gry** kárti do gri
Spielplatz **plac zabaw** platz sábaf
Spielzeug **zabawki** sabáfki
Spinne **pająk** pájonk
Sport **sport** ßport
Sprache **język** jénsik
sprechen **rozmawiać** rosmáwiatsch
Spülmittel **płyn do mycia naczyń** pwin do mítschja nátschin
Staatsangehörigkeit **obywatelstwo** obiwatélßtfo
Stadion **stadion** ßtádjon
Stadt **miasto** mjáßto
Stadtplan **plan miasta** plan mjáßta
Stadtrundfahrt **zwiedzanie miasta autokarem** swjedsánje mjáßta autokárem
Stadtteil **dzielnica (miasta)** dschjelnítza (mjáßta)
Stadtzentrum **centrum** tzéntrum
stark **mocny** mótzni; *(kraftvoll)* **silny** schílni
Start **start** ßtart
Stativ **statyw** ßtátif
statt **zamiast** sámjaßt
Stau **korek** kórek
Staub *(Haushalt)* **kurz** kusch; *(Natur)* **pył** piw
Steckdose **gniazdko** gnjáßtko
stehlen **kraść/ukraść** kraschtsch/úkraschtsch
Stehplatz **miejsce stojące** mjéjßtze ßtojóntze
steil **stromy** ßtrómi
Stein **kamień** kámjen
Stern **gwiazda** gwjásda
Stich **ukłucie** ukwútschje
Stift *(Bleistift)* **ołówek** owúwek
still **cichy** tschíchi
Stimme **głos** gwoß
Stockwerk **piętro** pjéntro
Stoff **materiał** matérjau
Storch **bocian** bótschjan
Störung **zakłócenie**
Strand **plaża** pláscha
Strandbad **kąpielisko** kompjelíßko

Strandkorb kosz plażowy kosch plaschówi
Straße ulica ulítza
Straßenbahn tramwaj trámwaj
Streichhölzer zapałki sapáuki
Streik strajk ßtrajk
Stress stres ßtreß
Strom prąd pront
Stück kawałek kawáwek
Student student ßtúdent
Studentin studentka ßtudéntka
studieren studiować ßtudjówatsch
stufenlos bezstopniowy beß-ßtopnjówi
Stuhl krzesło kschéßwo
Stunde godzina godschína
stündlich co godzinę tzo godschíne
Sturm sztorm schtorm; *(Gewitter)* burza búscha
stürmisch burzliwie *adv* buschlíwje
suchen szukać schúkatsch
Süden południe powúdnje
Summe suma ßúma
Supermarkt supermarket ßupermárket
Suppe zupa súpa
süß słodki ßwótki
Swimmingpool basen báßen
sympathisch sympatyczny ßimpatítschni

T

Tabak tabaka tabáka
Tag dzień dschjen
Tagesgericht danie dnia dánje dnja
Tal dolina dolína
Tankstelle stacja benzynowa ßtátzja bensinówa
Tante ciocia tschjótschja
tanzen tańczyć tántschitsch
Tasche torba tórba; *(Handtasche)* torebka torépka; *(Hosentasche)* kieszeń kjéschen
Taschenlampe latarka kieszonkowa latárka kjeschonkówa
Taschenmesser scyzoryk ßtzisórik

Taschentuch chusteczka do nosa chußtétschka do nóßa
Tasse filiżanka filischánka
tauschen wymieniać/wymienić wimjénjatsch/wimjénitsch
Taxi taksówka
Technik technika techníka
Tee herbata herbáta
teilnehmen an uczestniczyć w *(+lok)* utscheßtnítschitsch w
Telefon telefon teléfon
telefonieren telefonować telefonówatsch
Telefonkarte karta telefoniczna kárta telefonítschna
Telefonnummer numer telefoniczny númer telefonítschni
Teller talerz tálesch
Temperatur temperatura temperatúra
Tennis tenis téniß
Terrasse taras táraß
teuer drogi drógi
Theater teatr téatr
Ticket bilet bílet
tief głęboki gwembóki
Tier zwierzę *n* swjésche
Tierarzt weterynarz weterínasch
Tisch stół ßtuw
Tochter córka tzúrka
Tod śmierć *f* schmjertsch
Toilette toaleta toaléta
Toilettenpapier papier toaletowy pápjer toaletówi
toll wspaniały fßpanjáwi
Tomate pomidor pomídor
Topf garnek gárnek
tot martwy mártfi
Tour wycieczka witschjétschka
Touristikinformation informacja turystyczna informátzja turißtítschna
Tradition tradycja tradítzja
Traum sen ßen
träumen śnić schnitsch
traurig smutny ßmútni
sich treffen spotkać się ßpótkatsch schje

Treffpunkt miejsce spotkania mjéjßtse ßpotkánja
Treppe schody ßchódi
Tretboot rower wodny rówer wódni
trinken pić/wypić pitsch/wípitsch
Trinkgeld napiwek napíwek
Trinkwasser woda pitna wóda pítna
trocken sucho ßúcho
T-Shirt koszulka koschúlka
tun *(ausführen)* (u)czynić (u)tschínitsch
Tür drzwi dschwi
Turm wieża wjéscha
Turnschuhe tenisówki tenißúfki
Tüte torebka torépka
typisch typowy typówi

U

Übelkeit mdłości mdwóschtschi
üben ćwiczyć tschfítschitsch
über o *(+instr/+lok)* o; *(räumlich)* nad *(+instr)* nat
Übergepäck nadbagaż nadbágasch
übermorgen pojutrze pojútsche
Übernachtung nocleg nótzlek
Überschwemmung powódź pówudsch
Übersetzung tłumaczenie twumatschénje
Überweisung przekaz pschékaß
üblich zwykły swíkwi
übrig pozostały posoßtáwi
Übung ćwiczenie tschfitschénje
Ufer brzeg bschek
Uhr zegar ségar; Armbanduhr zegarek na rękę segárek na rénke
um o *(+lok)* o
Umgebung okolica okolítza
Umkleidekabine szatnia schátnja
Umleitung objazd

umsonst *(gratis)* za darmo sa dármo; *(vergeblich)* na darmo na dármo
umsteigen przesiadać/ przesiąść się pscheschjádatsch/ pschéschjonschtsch schje
umtauschen wymieniać/ wymienić wimjénjatsch/ wimjénitsch
Umweg droga okrężna dróga okrénschna
Umweltschutz ochrona środowiska ochróna schrodowíßka
unbequem niewygodny njewigódni
und i i
Unfall wypadek wipádek
unfreundlich nieuprzejmy njeupschéjmi
ungefähr mniej więcej mnjej wjéntzej
ungefährlich niegroźny njegróschni
ungemütlich nieprzyjemny njepschijémni
Unglück nieszczęście njeschtschénschtschje
ungültig nieważny njewáschni
Universität uniwersytet uniwerßítet
Unkosten koszty kóschti
unmöglich niemożliwy njemoschlíwi
unschuldig niewinny njewín-ni
unten na dole na dóle
Unterschied różnica ruschnítza
Unterschrift podpis pótpiß
Unterwäsche bielizna bjelísna
unterwegs po drodze po dródse
Unwetter niepogoda njepogóda
Urlaub urlop úrlop
Ursache przyczyna pschitschína
USB-Stick Pamięć przenośna USB pamjéntsch pschenóschna ueßbé
UV-Filter filtr promieni UV filtr promjéni ufáu

V

Vater ojciec ójtschjetz
vegan wegański wegánßki
Veganer weganin wegánin
Veganerin weganka wegánka
Vegetarier wegetarianin wegetarjánin
Vegetarierin wegetarianka wegetarjánka
vegetarisch wegetariański wegetarjánßki
Ventilator wentylator wentilátor
Verabredung spotkanie spotkánje
verantwortlich odpowiedzialny otpowjedschjálni
Verbandszeug materiał opatrunkowy matérjau opatrunkówi
Verbindungskabel kabel łączący kábel wontschóntzi
verboten zakazany sakasáni
verdienen zarabiać/zarobić sarábjatsch/saróbitsch
Verein związek swjónsek
Verfallsdatum data ważności dáta waschnóschtschi
vergessen zapominać/zapomnieć sapomínatsch/sapómnjetsch
vergleichen porównywać/porównać poruwníwatsch/porúwnatsch
verhaften aresztować areschtówatsch
verheiratet żonaty *m* schonáti; mężatka *f* menschátka
verkaufen sprzedawać/sprzedać ßpschedáwatsch/ßpschédatsch
Verkäufer sprzedawca ßpschedáftza; ~in sprzedawczyni ßpschedaftschíni
Verkehr ruch ruch
Verlängerungskabel przedłużacz pschedwúschatsch
Verleih wynajem winájem
Verletzung skaleczenie ßkaletschénje

verlieren przegrywać/ przegrać pschegríwatsch/ pschégratsch
Verlobte narzeczona naschetschóna; ~r narzeczony naschetschóni
vermieten wynajmować/wynająć winajmówatsch/ winájontsch
Versicherung ubezpieczenie ubeßpjetschénje
Verspätung spóźnienie ßpuschnjénje
versprechen obiecywać/obiecać objetzíwatsch/objétzatsch
verstehen (z)rozumieć (s)rosúmjetsch
Vertrag umowa umówa
Verwandte krewna kréwna; ~r krewny kréwni
viel(e) dużo dúscho
vielleicht może mósche
Viertel *(Stadtviertel)* dzielnica dschjelnítza
Vogel ptak ptak
voll pełny péwni
Volleyball siatkówka schjatkúfka
volljährig pełnoletni pewnolétni
Vollkornbrot chleb pełnoziarnisty chlep pewnoschjarníßti
von od *(+dat)* ot
Voranmeldung zgłoszenie sgwóschenje
Voraussetzung założenie sawoschénje
voraussichtlich przypuszczalny pschipuschtschálni
Vorfahrt pierwszeństwo pjerfschénßtfo
vorgestern przedwczoraj pschetftschóraj
vorläufig tymczasowy timtschaßówi
Vormittag przedpołudnie pschetpowúdnje
Vorname imię *n* ímje
Vorort przedmieście pschetmjéschtschje
Vorsaison przed sezonem psched ßesónem

Vorschlag propozycja propositzja
Vorschrift przepis pschépiß
Vorspeise zakąska sakónßka

W

wach rozbudzony rosbudsóni
Wagenheber podnośnik podnóschnik
Waggon wagon wágon
(aus)wählen wybierać/wybrać wibjératsch/wíbratsch
Wahrheit prawda práwda
Währung waluta walúta
Wald las laß
Wand ściana schtschjána
wandern wędrować wendrówatsch
Wanderweg szlak turystyczny schlak turißtítschni
wann kiedy kjédi
warm ciepły tschjépwi
Warndreieck trójkąt ostrzegawczy trújkont oßtschegáftschi
Warnung ostrzeżenie oßtscheschénje
warten czekać tschékatsch
warum dlaczego dlatschégo
was co tzo
Waschbecken umywalka umiwálka
Wäsche pranie or pránje
Wäscheleine sznur na bieliznę schnur na bjelísne
waschen myć/umyć mitsch/úmitsch
Waschmaschine pralka prálka
Waschmittel środek do prania schródek do pránja
Wasser woda wóda
Wasserhahn kran kran
Wassermelone arbuz árbuß
Watte wata wáta
WC toaleta toaléta
wechseln *(ersetzen)* zmieniać/zmienić smjénjatsch/smjénitsch; *(Geld)* wymieniać/wymienić wimjénjatsch/wimjénitsch
(auf)wecken (o)budzić (o)búdschitsch

Wecker **budzik** búdschik
wegfahren **odjeżdżać/odjechać** odjéschdschatsch/odjéchatsch
Wegweiser **drogowskaz** drogófßkaß
wehtun **(za)boleć** (sa)bóletsch
weiblich **kobiecy** kobjétzi
weich **miękki** mjénk-ki
Weihnachten **Boże Narodzenie** bósche narodsénje
weil **ponieważ** ponjéwasch
Wein **wino** wíno
weinen **płakać** pwákatsch
Weintrauben **winogrona** winogróna
weiß **biały** bjáwi
Weißwein **wino białe** wíno bjáwe
weit *(Entfernung)* **daleko** daléko
Weizen **pszenica** pschenítsa
Welle **fala** fála
Welt **świat** schwjat
wenig **mało** máwo
wer **kto** kto
Werbung **reklama** rekláma
werden **zostawać/zostać** soßtáwatsch/sóßtatsch
Werkstatt **warsztat** wárschtat
Werkzeug **narzędzia** naschéndschja
Wert **wartość** *f* wártoschtsch
wertvoll *(hochwertig)* **wartościowy** wartoschtschjówi; *(kostbar)* **cenny** tzén-ni
Wespe **osa** óßa
Westen **zachód** sáchut
Wetter **pogoda** pogóda
wichtig **ważny** wáschni
wie **jak** jak
wieder **znowu** snówu
wiederholen **powtarzać/powtórzyć** poftáschatsch/poftúschitsch
Wiese **łąka** wónka
willkommen **mile widziany** *adj* míle widschjáni
Wind **wiatr** wjatr

Winter zima schíma
wir my mi
Wirbelsäule kręgosłup krengóßwup
wissen wiedzieć wjédschjetsch
WLAN WLAN wlan
wo gdzie gdschje
Woche tydzień tídschjen
Wochenende weekend wíkent
wohin dokąd dókont
wohnen mieszkać mjéschkatsch
Wohnmobil samochód kempingowy ßamóchut kempingówi
Wohnort miejsce zamieszkania mjéjßtze samjeschkánja
Wohnung mieszkanie mjeschkánje
Wohnwagen przyczepa kempingowa pschitschépa kempingówa
Wolf wilk wilk
Wolke chmura chmúra
Wolle wełna wéwna
wollen (za)chcieć (sá)chtschjetsch
Wort słowo ßwówo
Wörterbuch słownik ßwównik
Wunde rana rána
Wunsch życzenie

Z

Zahl *(Anzahl)* liczba lítschba; *(Ziffer)* cyfra tzífra
zahlen (za)płacić (sa)pwátschitsch
Zahn ząb somp
Zahnarzt dentysta dentíßta
Zahnbürste szczoteczka do zębów schtschotétschka do sémbuf
Zange obcęgi obtzéngi
Zecke kleszcz kleschtsch
Zehe palec u nogi páletz unógi
zeigen pokazywać/pokazać pokasíwatsch/pokásatsch
Zeit czas tschaß
Zeitung gazeta gaséta
Zelt namiot námjot

zelten spać pod namiotem ßpatsch pot namjótem
zentral centralny tzentrálni
Zentrum centrum
zerbrechlich kruchy krúchi
Zertifikat certyfikat tzertifíkat
Zettel kartka kártka
Zeuge, Zeugin świadek schwjádek
Ziege koza kósa
Ziel cel tzel
Zigaretten papierosy papjeróßi
Zimmer pokój pókuj
Zitrone cytryna tzitrína
Zoll cło tzlo
Zoo zoo so-o
zu viel za dużo sa dúscho
zu wenig za mało sa máwo
Zucker cukier tzúkjer
zufrieden zadowolony sadowolóni
Zug pociąg pótschjong
Zukunft przyszłość pschíschwoschtsch
Zunge język jénsik
zurück z powrotem ßpowrótem
zurückkommen wracać/wrócić wrátzatsch/wrútzitsch
zusammen razem rásem
zusammen bezahlen płacić razem pwátschitsch rásem
Zusammenstoß zderzenie sdeschénje
zusätzlich dodatkowy dodatkówi
zuschauen przyglądać/przyglądnąć się pschiglóndatsch/pschiglóndnontsch schje
Zuschlag *(Zuzahlung)* dopłata dopwáta
Zustand stan ßtan
zuständig odpowiedzialny otpowjedschjálni
zuverlässig schitschénje schitschénje
Zweck cel tzel
Zwiebel cebula tzebúla
zwischen między *(+instr)* mjéndsi

Polnisch–Deutsch

A

adapter Adapter
adres Adresse
adres e-mail E-Mail-Adresse
akcent Akzent
aktor Schauspieler
aktorka Schauspielerin
akumulator Akku
albo oder
ale aber
alergia Allergie
alkohol Alkohol
ananas Ananas
antyczny antik
apartament Appartement
apteczka Hausapotheke
apteka Apotheke
arbuz Wassermelone
aresztować verhaften
Austria Österreich
Austriaczka Österreicherin
Austriak *m* Österreicher
autobus Bus
autostrada Autobahn

B

babcia Großmutter
bać się Angst haben
bagaż Gepäck
bagaż pod ręczny Handgepäck
bagażnik Gepäckträger
bakłażan Aubergine
banan Banane
bank Bank
bankomat Geldautomat
bar Bar
bardziej mehr *(qualitativ)*
bardzo sehr
basen Schwimmbad; Swimmingpool
bateria Batterie
bawełna Baumwolle
bazylia Basilikum
benzyna Benzin
bez *(+gen)* ohne
bez laktozy laktosefrei
bezglutenowy glutenfrei
bezkofeinowy koffeinfrei
bezpiecznik Sicherung

bezpłatny kostenlos
bezpośrednio *adv* direkt
bezrobotna *f* arbeitslos;
bezrobotny *m* arbeitslos
bezsensowny sinnlos
bezstopniowy stufenlos
beżowy beige
biały weiß
biedny arm
bieg Gang
biegać joggen; laufen
biegunka Durchfall
bielizna Unterwäsche
bikini Bikini
bilet Fahrkarte; Ticket
bilet wstępu Eintrittskarte
biologiczny biologisch
biuro Büro
biuro podróży Reisebüro
biuro rzeczy znalezionych Fundbüro
biustonosz BH
biżuteria Schmuck
bluzka Bluse
błąd Fehler
błyskawica Blitz
bocian Storch
bogaty reich
ból Schmerz
(za)boleć wehtun
Boże Narodzenie Weihnachten
brać/wziąć nehmen
brakować fehlen
bransoletka Armband
brat Bruder
brązowy braun
broda Bart
brudny schmutzig
brzeg Ufer
brzoskwinia Pfirsich
budynek Gebäude
budynek szeregowy Reihenhaus
(o)budzić (auf)wecken
budzik Wecker
bułka Brötchen
burza Gewitter; Sturm
butelka Flasche
burzliwy stürmisch
buty Schuhe
być sein
być głodnym hungrig sein
być spragnionym durstig sein
być sytym satt sein

C

(po)całować küssen
cały ganz
cebula Zwiebel
cel Ziel; Zweck
cena Preis
cena biletu Fahrpreis
cennik Preisliste
cenny wertvoll *(kostbar)*
centralny zentral
centrum Zentrum; Stadtzentrum
centrum handlowe Einkaufszentrum
certyfikat Zertifikat
chata Hütte
(za)chcieć wollen
chętnie gern
chleb Brot
chleb pełnoziarnisty Vollkornbrot
chłodno kühl
chłopak Freund *(Partner)*
chłopiec Junge
chmura Wolke
chodzić/iść gehen
choroba Krankheit
chory krank
chudy mager
chusteczka do nosa Taschentuch
chustka na szyję Halstuch
chwila Moment
ciasny eng
ciastka Gebäck; Kekse
ciasto Kuchen
ciągnąć ziehen
cichy leise; still
ciekawy neugierig
cielęcina Kalbfleisch
ciemny dunkel
cień Schatten
cienki dünn
ciepły warm
cieszyć (się) (sich) freuen
ciężar Gewicht; Last
ciężki schwer
ciocia Tante
cło Zoll
cmentarz Friedhof
co was
co godzinę stündlich
codziennie täglich
córka Tochter
coś etwas
cukier Zucker

cukiernia Konditorei
cyfra Zahl *(Ziffer)*
cytryna Zitrone
czapka Mütze
czarny schwarz
czas Zeit
czas lokalny Ortszeit
czas trwania Dauer *(Laufzeit, Länge)*
czekać warten
czekolada Schokolade
czereśnie Kirschen
czerwiec Juni
czerwony rot
część zamienna Ersatzteil
często häufig; oft
członek Mitglied
człowiek Mensch
czosnek Knoblauch
czuć fühlen
czwartek Donnerstag
(u)czynić tun *(ausführen)*
czynsz Miete
(wy)czyścić putzen
czysty sauber; pur
(prze)czytać lesen
czytnik kart pamięci Speicherkartenlesegerät

Ć

ćwiczenie Übung
ćwiczyć üben

D

dach Dach
daleko weit *(Entfernung)*
dalszy lot Anschlussflug
dama Dame
danie dnia Tagesgericht
danie główne Hauptgericht
data Datum
data urodzenia Geburtsdatum
data ważności Verfallsdatum
dawać/dać geben
dawniej früher
dentysta Zahnarzt
deser Nachtisch
deszcz Regen
deszczowo regnerisch
dezodorant Deo
dieta Diät
dla *(+gen)* für
dlaczego warum
długi lang

długość Länge
do *(+gen)* bis
do tyłu rückwärts
dobry gut
dodatek Beilage
dodatkowy zusätzlich
dokąd wohin
dokumenty Papiere
dokumenty pojazdu Fahrzeugpapiere
dolina Tal
dom Haus
dom wczasowy Ferienhaus
dopłata Zuschlag *(Zuzahlung)*
dopuszczalny zulässig
dorosła *f* Erwachsene; dorosły *m* Erwachsener
dosyć genug
dotykać/dotknąć berühren
dowód Ausweis
dowód osobisty Personalausweis
drewno Holz
drób Geflügel
drobne Kleingeld; Wechselgeld
droga okrężna Umweg
droga rowerowa Fahrradweg
drogeria Drogerie
drogi teuer
drogowskaz Wegweiser
drukować drucken
drzewo Baum
drzwi Tür
dużo viel(e)
duży groß
dworzec Bahnhof
dworzec autobusowy Busbahnhof
dym Rauch
dziadek Großvater
dziadkowie Großeltern
działać funktionieren
dziecko Kind
dzielnica (miasta) Stadtteil
dzielnica Viertel *(Stadtviertel)*
dzień Tag
dzień odpoczynku Ruhetag
dziewczyna Mädchen; Freundin *(Partnerin)*
dziękuję danke

dzik Wildschwein
dzisiaj heute
dziura Loch
dzwon Glocke
dzwonek Klingel
dzwonić klingeln
(za)dzwonić anrufen

E

ekologiczny ökologisch
ekspres do kawy Kaffeemaschine
elektryk *m/f* Elektriker
euro Euro

F

fajka Pfeife
fala Welle
fałszywy falsch
filiżanka Tasse
film Film
filtr Filter
filtr promieni UV UV-Filter
fioletowy lila
formularz Formular
fotel Sessel
fotografować fotografieren
fryzjer(ka) Friseur(in)
fryzuraFrisur

G

gardło Hals
garnek Topf
garnitur Anzug
gaśnica Feuerlöscher
gatunek Art
gazeta Zeitung
gdzie wo
gęś Gans
gładki glatt
głęboki tief
głód Hunger
głos Stimme
głośno laut
głowa Kopf
głupi dumm
gniazdko Steckdose
godzina Stunde
godziny otwarcia Öffnungszeiten
golić rasieren
góra Berg

gorący heiß
gorączka Fieber
góry Gebirge
gospodarstwo Bauernhof
gospodarz Gastgeber; Wirt; Bauer
gospodyni domowa Hausfrau; Gastgeberin
gość Gast
(płacić) gotówką bar (bezahlen)
gotowy do /na *(+gen)/(+akk)* bereit *(zu)*
gotowy bereit; fertig
grad Hagel
granica Grenze
gratulować gratulieren
gruby dick
grudzień Dezember
grunt Grund; Boden
grupa Gruppe
grupa wycieczkowa Reisegruppe
gruszka Birne
gryźć/ugryźć beißen
grzeczny höflich
grzmot Donner
grzyby Pilze
gumka do włosów Haargummi
guzik Knopf *(Kleidung)*
gwarancja Garantie
gwiazda Stern
gwóźdź Nagel

H

hałas Lärm
hamulec Bremse
hasło Passwort
herbata Tee
herbatniki Kekse
historia Geschichte
homeopatyczny homöopathisch

I

i und
idea Idee
igła Nadel
imbir Ingwer
imię *n* Vorname
infekcja Infektion
informacja Auskunft; Information

informacja turystyczna Touristikinformation
inteligentny intelligent
interes Geschäft *(Handel)*
interesujący interessant

J

ja ich
jabłko Apfel
jacuzzy Whirlpool
jadłospis Menü
jagnięcina Lammfleisch
jajko Ei
jak wie
jakość Qualität
jaskinia Höhle
jasny hell; klar
jazda Fahrt
jechać fahren
jeden raz einmal
jednak doch
jednokolorowy einfarbig
jedwab Seide
jedzenie Essen
jeleń Hirsch
(z)jeść (auf)essen
jeść śniadanie frühstücken
jesień Herbst
jeszcze noch
jezioro See
język Sprache; Zunge
język ojczysty Muttersprache
jeździć/jechać fahren *(nur Landfahrzeuge)*
jeździć konno reiten
jeż Igel
jeżowiec Seeigel
jubiler Juweliergeschäft
jutro morgen

K

kabel do ładowarki Ladekabel
kabel łączący Verbindungskabel
kaczka Ente
kajak Kajak
kalendarz Kalender
kamera cyfrowa Digitalkamera
kamień Stein
kamizelka ratunkowa Schwimmweste

kanał Kanal
kapelusz na słońce Sonnenhut
kapelusz Hut
kapitan Kapitän
karat Karat
karta Karte
karnawał Karneval
karta debetowa EC-Karte
karta kredytowa Kreditkarte
karta pamięci Speicherkarte
karta pokładowa Bordkarte
karta telefoniczna Telefonkarte
kartka Blatt; Zettel
karty do gry Spielkarten
kask ochronny Helm
kasa Kasse
kasować/skasować entwerten
kaszel Husten
katar Schnupfen
katar sienny Heuschnupfen
katolicki katholisch
kaucja Kaution
kawa Kaffee
kawałek Stück
każdy alle *(jeder)*
kąpać się baden
kąpielisko Strandbad
kąpielówki Badehose
kąt Ecke
keczup Ketchup
kelner Kellner
kelnerka Kellnerin
kiedy wann
kiedyś einmal
kierowca Fahrer(in)
kierunek Richtung
kieszeń Tasche *(Hosentasche)*
kieszonkowe Kleingeld
kleszcz Zecke
klient Kunde
klientka Kundin
klimat Klima
klimatyzacja Klimaanlage
klucz Schlüssel
kłamstwo Lüge
kłaść/położyć legen
knajpa Kneipe
kobiecy weiblich
kobieta Frau
koc Decke *(Wolldecke)*
kochać lieben
kod PIN Geheimzahl
koktajl Cocktail

kolacja Abendessen
kolano Knie
kolczyki Ohrringe
kolor Farbe
kolorowy bunt
kołdra Bettdecke
kołek Stift *(Pflock)*
koło ratunkowe Rettungsring
koło zapasowe Ersatzreifen
komar Mücke
kominek Kamin
komputer Computer
koń Pferd
koncert Konzert
(za)kończyć beenden
konduktor(ka) Schaffner(in)
konferencja Konferenz
koniec Ende; Schluss
kopia Kopie
korek Stau *(Verkehr)*
korkociąg Korkenzieher
korytarz Gang *(Hausgang)*
korzeń Wurzel
kościół Kirche
kosz na śmieci Mülleimer
kosz plażowy Strandkorb
kosztować kosten
koszty Unkosten
koszula Hemd
koszulka (trykotowa) T-Shirt
koszykówka Basketball
kot Katze
koza Ziege
kraj Land
krajobraz Landschaft
kran Wasserhahn
kraść/ukraść stehlen
krawat Krawatte
krem do opalania Sonnencreme
krew Blut
krewna *f* Verwandte
krewny *m* Verwandter
kręgosłup Wirbelsäule
krótki kurz
krowa Kuh
kruchy zerbrechlich
krzesło Stuhl
krzyczeć schreien
książka Buch
księżyc Mond
kto wer
ktoś jemand
kubek Becher
kuchenka gazowa Gaskocher

kuchnia Küche
kukurydza Mais
kula Krücke
kupować/kupić kaufen
kurczak Hähnchen
kurtka przeciwdeszczowa Regenjacke
kurz Staub *(Haushalt)*
kuzyn Cousin
kwaśny sauer *(Speise)*
kwiat Blume
kwiecień April
kwota Betrag

L

lakier do paznokci Nagellack
lampa Lampe
las Wald
latać/lecieć fliegen
latarka kieszonkowa Taschenlampe
latarnia morska Leuchtturm
lato Sommer
lawina Lawine
(wy)lądować landen
legitymacja Ausweis
lekarka Ärztin
lekarz Arzt
lekarstwo Medikament
lekarz pogotowia ratunkowego Notarzt
lekki leicht
lemoniada Limonade
lepiej besser
leżak Liegestuhl
lęk Angst
liczba Zahl *(Anzahl)*
lina Seil
lipiec Juli
list Brief
listopad November
lodówka Kühlschrank
lodówka turystyczna Kühltasche
lód Eis
logować się anmelden
loki Locken
lot powrotny Rückflug
lotnisko Flughafen
lubić mögen
ludzie Leute
lustro Spiegel
lustrzanka Spiegelreflexkamera
luty Februar

Ł

ładny hübsch; schön
ładowarka Ladegerät
łańcuszek Kette *(Schmuck)*
łazienka Bad
łącznie insgesamt *(inklusive)*
łąka Wiese
łódź ratunkowa Rettungsboot
łódź wiosłowa Ruderboot
łowić ryby angeln; fischen
łóżko Bett
łóżko dla dziecka Kinderbett
łyżka Löffel

M

maj Mai
majonez Mayonnaise
mak Mohn
makaron Nudeln
maliny Himbeeren
malowidło Bild *(Gemälde)*
mało wenig
mały klein
małżeństwo Ehe; Eheleute
martwy tot
marynarka Jackett
marzec März
marznąć frieren
masaż Massage
maść Salbe
masło Butter
maszyna Maschine
mata izolacyjna Isomatte
materac Matratze
materac dmuchany Luftmatratze
materiał Material; Stoff
materiał opatrunkowy Verbandszeug
matka Mutter
mądry klug
mąż Ehemann
mdłości Übelkeit
meble Möbel
mecz Spiel *(Wettkampf)*
meduza Qualle
menu Speisekarte
metr Meter
mewa Möwe
męczący anstrengend
mężatka *f* verheiratet
mężczyzna Mann
mgła Nebel

miasto Stadt
mieć haben
miejmy nadzieję hoffentlich
miejsce Platz *(Ort, Stelle)*; Sitzplatz
miejsce przy oknie Fensterplatz
miejsce spotkania Treffpunkt
miejsce stojące Stehplatz
miejsce urodzenia Geburtsort
miejsce zamieszkania Wohnort
miesiąc Monat
mieszać mischen
mieszkać wohnen
mieszkanie Wohnung
mieszkanie wypoczynkowe Ferienwohnung
mieszkaniec Einwohner
między *(+instr)* zwischen
międzynarodowy international
miękki weich
mięso Fleisch
migrena Migräne
miły nett
mile widziany *adj* willkommen
minuta Minute
miotła Besen
mleko Milch
młody jung
młotek Hammer
mniej więcej ungefähr
móc dürfen; können
mocny stark
mokro nass
moneta Münze
morela Aprikose
morze Meer
most Brücke
motor Motor; Motorrad
motorówka Motorboot
motyl Schmetterling
mówić reden, sprechen, sagen
może vielleicht
możliwość Möglichkeit
możliwy möglich
mur Mauer
musieć müssen
muszle Muscheln
musztarda Senf

muzeum Museum
muzyka Musik
my wir
myć/umyć waschen
mydło Seife
mysz Maus *(Tier)*

N

na czas rechtzeitig
na darmo umsonst *(vergeblich)*
na dole unten
na górze oben
na przeciwko *(+gen)* gegenüber
na zewnątrz draußen
naczynia Geschirr
nad *(+instr)* über *(räumlich)*
nadbagaż Übergepäck
nagi nackt
nagle plötzlich
nagły przypadek Notfall
najwyżej höchstens
nakrycie Gedeck
naładować aufladen
namiot Zelt
napastować belästigen; verfolgen
napięcie sieci Netzspannung
napiwek Trinkgeld
napój Getränk
naprawa Reparatur
narty wodne Wasserski
narzeczona Verlobte
narzeczony Verlobter
narzędzia Werkzeug
narzuta Decke *(Überwurf)*
następny nächste(r, s)
następować/nastąpić folgen
naturalnie *adv* natürlich
natychmiast sofort
nauczyciel Lehrer
nauczycielka Lehrerin
nawet sogar
nawigacja GPS Navigationsgerät
nazwa Name
nazwa użytkownika Benutzername
nazywać się heißen
nektarynka Nektarine
nerka Niere

nerwowy nervös
nic nichts
nie nein; nicht
niebezpieczeństwo Gefahr
niebezpieczny gefährlich
niebieski blau
niebo Himmel
niedobry schlecht *(ungenießbar)*
niedrogi preisgünstig
niedziela Sonntag
niegroźny ungefährlich
niekiedy manchmal
Niemcy *pl* Deutschland
Niemiec Deutscher
niemiecki deutsch
Niemka Deutsche
niemowlę *n* Säugling
niemożliwy unmöglich
niepełnoletni minderjährig
niepogoda Unwetter
nieporozumienie Missverständnis
nieprzyjemny ungemütlich; unangenehm
niestety leider
nieszczęście Unglück
nieszkodliwy ungefährlich
nieuprzejmy unfreundlich
nieważny ungültig
niewinny unschuldig
niewygodny unbequem
nigdy nie
nikt niemand
niski niedrig
noc Nacht
nocleg Übernachtung
noga Bein
normalny normal
nos Nase
nowoczesny modern
nowy neu
Nowy Rok Neujahr
nóż Messer
nożyczki *pl* Schere
nudny langweilig
numer alarmowy Notruf
numer telefoniczny Telefonnummer
numer telefonu komórkowego Handynummer
nurkować tauchen

O

o *(+instr/+lok)* über; um
obaj *m* beide
obcęgi Zange
obcy fremd
obiad Mittagessen
obiecywać/obiecać versprechen
obiektyw Objektiv
obiektyw szerokokątny Weitwinkelobjektiv
objazd Umleitung
obok *(+gen)* neben
obraz Bild; Gemälde
obrzęk Schwellung
obsługa Bedienung
obywatelstwo Staatsangehörigkeit
ochrona środowiska Umweltschutz
oczekiwać erwarten
od *(+dat)* seit; von
odbierać/odebrać abholen
oddawać/oddać z powrotem zurückgeben
odgłos Geräusch *(Laut)*
odjazd Abfahrt; Abreise
odjeżdżać/odjechać abfahren; abreisen; wegfahren
odległość *f* Entfernung
odlot Abflug
odpady *pl* Abfall
odpływ Ebbe
odpoczynek Erholung
odpoczywać/odpocząć sich ausruhen
odpowiadać/odpowiedzieć antworten
odpowiedź *f* Antwort
odpowiedzialny verantwortlich; zuständig
odszkodowanie Entschädigung
odwiedzać/odwiedzić besuchen
oferta Angebot
oferta specjalna Sonderangebot
ogień Feuer
ogród Garten
ogrzewanie Heizung
ojciec Vater
okienko (kasowe) Schalter *(Fahrkarten, Bank usw.)*

okno Fenster
oko Auge
okolica Gegend; Umgebung
okres Dauer *(Zeitspanne)*
okulary *pl* Brille
okulary przeciwsłoneczne Sonnenbrille
olej Öl
oliwki Oliven
ołówek Stift *(Bleistift)*
on er
oparzenie słoneczne Sonnenbrand
opłata Gebühr
opłata za wypożyczenie Leihgebühr
opowiadać/opowiedzieć erzählen
oprowadzanie Führung
oryginał Original
orzech Nuss
orzeszki ziemne Erdnüsse
osa Wespe
ość Gräte
osoba Person
osoba towarzysząca Begleitperson
osobisty persönlich
ostry scharf
ostrzeżenie Warnung
ostrzeżenie przed sztormem Sturmwarnung
otwarty geöffnet; offen
otwieracz do butelek Flaschenöffner
otwieracz do puszek Dosenöffner
otworzyć öffnen
owad Insekt
owca Schaf
owoce Obst

P

paczka Packung; Paket
pająk Spinne
palec Finger
palec u nogi Zehe
palić rauchen *(Zigarette)*
palić się brennen
pałac Palast
pamiątka Andenken
Pamięć przenośna USB USB-Stick
pan Herr
pani Frau *(Anrede)*

papier toaletowy Toilettenpapier
papierosy Zigaretten
para Paar
para małżeńska Ehepaar
parasol Regenschirm
park narodowy Nationalpark
parking Parkplatz
parking wielopoziomowy Parkhaus
parkometr Parkuhr
(za)parkować parken
parno schwül
parter Erdgeschoss
pas bezpieczeństwa Sicherheitsgurt
pasek Gürtel
paszport Pass; Reisepass
patelnia Pfanne
październik Oktober
paznokieć Fingernagel
pchli targ Flohmarkt
pediatra Kinderarzt
pejzaż Landschaft
pełnoletni volljährig
pełny voll
pensjonat Pension
perfumy Parfüm
peron Bahnsteig
pewny sicher
piasek Sand
piątek Freitag
pić/wypić trinken
piec Heizung *(Ofen)*; Herd
piekarnia Bäckerei
pielęgniarka Krankenschwester
pieniądze Geld
pieprz Pfeffer
pierś Brust
pierścionek Ring
pierwszeństwo Vorfahrt
pies Hund
pieśń *f* Lied
piętro Etage; Stockwerk
pijany betrunken
pilnie *adv* dringend
piłka Ball
piłka nożna Fußball
piłka ręczna Handball
piłka wodna Wasserball
pincetka Pinzette
(za)pisać schreiben
piwo Bier
plac Platz
plac zabaw Spielplatz

plama Fleck
plan Plan
plan miasta Stadtplan
plaster Wundpflaster
plaża Strand
plaża piaszczysta Sandstrand
plecak Rucksack
plecy Rücken
(za)płacić (be)zahlen; płacić oddzielnie getrennt bezahlen; płacić razem zusammen bezahlen
płakać weinen
płaski flach
płótno Leinen
płuca Lunge
płyn do mycia naczyń Spülmittel
płyta CD CD
płytki flach *(seicht)*
pływać schwimmen; fahren *(Wasserfahrzeuge)*
po drodze unterwegs
po lewej stronie links
po niemiecku auf Deutsch
po polsku auf Polnisch
po prawej stronie rechts
pobliże Gegend *(Nähe)*
pobyt Aufenthalt
pocałunek Kuss
pochmurnie bewölkt
pociąg Zug
początek Anfang; Beginn
początkująca Anfängerin
początkujący Anfänger
poczta Post(amt)
pocztówka Postkarte
podatek VAT Mehrwertsteuer
podłoga Boden
podnośnik Wagenheber
podobać się gefallen
podpis Unterschrift
podpisywać/podpisać unterschreiben
podróż Fahrt; Reise
poduszka Kissen
podwójne łóżko Doppelbett
pogoda Wetter
pojedyncze łóżko Einzelbett
pojedynczy einzeln
pojutrze übermorgen
pokazywać/pokazać zeigen
pokój Zimmer

pokój dwuosobowy Doppelzimmer
pokój jednoosobowy Einzelzimmer
pokwitowanie Quittung
Polak Pole
pole Feld
pole kempingowe Campingplatz
policja Polizei
policjant(ka) Polizist(in)
Polka Polin
Polska Polen
polski polnisch
pół halb
połączenie Anschluss
połączenie internetowe Internetanschluss
północ Norden
połowa Hälfte
południe Süden
półwysep Halbinsel
pomadka do ust Lippenstift
pomagać/pomóc helfen
pomarańcza Orange
pomidor Tomate
pomnik Denkmal
pomoc Hilfe
pompka do roweru Luftpumpe
ponad *(+instr)* über *(oberhalb von)*
poniedziałek Montag
ponieważ weil
ponton Schlauchboot
popielniczka Aschenbecher
popołudnie Nachmittag
poprawka Korrektur
poprawnie richtig
porcja Portion
porównywać/porównać vergleichen
port Hafen
porządek Ordnung
pościel *f* Bettwäsche
poślubić heiraten
postój Aufenthalt *(Pause)*
potem danach; nachher
potrawa Gericht *(Speise)*
potrzebny nötig *(notwendig)*
potrzebować brauchen
potwierdzenie Bestätigung
poważny ernst
powietrze Luft
powódź Überschwemmung

powodzenie Erfolg
powoli langsam
powtarzać/powtórzyć wiederholen
poza außerhalb
pożar Brand
poznać kennenlernen
późno spät
pozostały übrig
pozostawać/pozostać bleiben
pożyczać/pożyczyć leihen
pożyteczny nützlich
praca Arbeit; Job
pracować arbeiten
pracownica Angestellte
pracownik Angestellter
pragnienie Durst
pralka Waschmaschine
pralnia chemiczna Reinigung
pranie Wäsche
prawda Wahrheit
prawdziwy echt
prawie fast
prawo Gesetz
prawo jazdy Führerschein
prąd Strom
prezent Geschenk
prezerwatywa Kondom
prędkość Geschwindigkeit
prom Fähre
prom samochodowy Autofähre
propozycja Vorschlag
proste *adv* einfach *(leicht)*
prosto geradeaus
prosty einfach *(leicht)*
proszek Pulver
proszę bitte
prysznic Dusche
prywatny privat
przechodzić/przejść überqueren *(Straße)*
przechowalnia bagażu Gepäckaufbewahrung
przeciw *(+dat)* gegen
przeciwieństwo Gegenteil
przeciwko *(+dat)* dagegen
przed sezonem Vorsaison
przedłużacz Verlängerungskabel
przedłużać/przedłużyć verlängern
przedmieście Vorort
przedpołudnie Vormittag

przedwczoraj vorgestern
przedział Abteil
przegrywać/przegrać verlieren
przekaz Überweisung
przepis Vorschrift
Przepraszam! Entschuldigung!
przerwa Pause
przesiadać/przesiąść się umsteigen
przesuwać/przesunąć schieben
przewodnik Reiseführer
przeziębienie Erkältung
przy *(+lok)* an
przychodzić/przyjść kommen
przyczepa kempingowa Wohnwagen
przyczyna Grund; Ursache
przyglądać/przyglądnąć się zuschauen
przyjaciel Freund
przyjaciółka Freundin
przyjazd Ankunft
przyjazny dla środowiska umweltfreundlich
przyjechać ankommen
przyjemny gemütlich *(gesellig)*; angenehm
przyjęcie Empfang
przykład Beispiel
przynajmniej mindestens; zumindest
przynosić/przynieść holen; bringen
przypadek Zufall
przypływ Flut
przyprawione gewürzt
przyprawy Gewürze
przypuszczalny voraussichtlich
przyroda Natur
przystań Anlegestelle
przystanek Haltestelle
przystosowane dla niepełnosprawnych behindertengerecht
przyszłość Zukunft
pszczoła Biene
pszenica Weizen
ptak Vogel
publiczny öffentlich

punktualny pünktlich
pusty leer
puszka Dose
pył Staub
pyszny lecker
pytać fragen
pytanie Frage

R

rabat Rabatt
rachunek Rechnung
ramię Schulter
rana Wunde
rano morgens
ratownictwo górskie Bergwacht
ratusz Rathaus
razem gemeinsam; insgesamt; zusammen
recepcja Rezeption
recepta Rezept
regionalny regional
regularnie regelmäßig
reguła Regel
reklamacja Beanstandung
rekreacja Erholung
rękawki do pływania Schwimmflügel
rencista *m* Rentner
rencistka Rentnerin
restauracja Restaurant
restauracja przy autostradzie Raststätte
reszta Rest
rezerwat przyrody Naturschutzgebiet
(za)rezerwować buchen; reservieren
ręcznik Handtuch
ręka Hand
robić zakupy einkaufen
(z)robić machen
robione ręcznie handgemacht
rodzeństwo Geschwister
rodzice Eltern
rodzina Familie
rok Jahr
roślina Pflanze
rower Fahrrad
rower wodny Tretboot
również auch
równy gleich; flach *(eben)*
róża Rose

rozbudzony wach
rozdzielać/rozdzielić trennen
rozkład jazdy Fahrplan
rozmawiać reden *(miteinander)*; sprechen
rozmiar Größe *(Kleidung, Schuhe)*
rozmowa Gespräch
różnica Unterschied
różowy rosa
rozpieszczać/rozpieścić verwöhnen
(z)rozumieć verstehen
rozwiązanie Lösung
rozwiedziony geschieden
rozwolnienie Durchfall
ruch Verkehr
ruchome schody Rolltreppe
rurka do oddychania Schnorchel
ryba Fisch
rynek Markt; Marktplatz
ryż Reis
rzadki selten
rząd Regierung; Reihe
rzeka Fluss

S

sałata Salat
sam allein
samochód Auto
samochód do holowania Abschleppwagen
samochód kempingowy Wohnmobil
samodzielny selbstständig
samolot Flugzeug
samoobsługa Selbstbedienung
sarna Reh
sąsiad Nachbar
sąsiadka Nachbarin
schody Treppe
schronisko Schutzhütte
schronisko młodzieżowe Jugendherberge
scyzoryk Taschenmesser
seks Sex
sen Traum
sensowny sinnvoll
ser Käse
serce Herz
serwetka Serviette
siatka przeciw komarom Moskitonetz

sieć Netz
sierpień August
się man
silny stark *(kraftvoll)*
siostra Schwester
siwy grau
skaleczenie Verletzung
skarga Beschwerde
skarpety Socken
skarżyć się sich beschweren
sklep Geschäft *(Laden)*
sklep spożywczy Lebensmittelgeschäft
skoki spadochronowe Fallschirmspringen
skóra Haut; Leder
skosztować probieren *(kosten)*
skrytka na bagaż Schließfach
skrzynka pocztowa Briefkasten
skrzyżowanie Kreuzung
słaby schwach
sławny berühmt
słodki süß
słońce Sonne
słonecznie sonnig
słony salzig
słownik Wörterbuch
słowo Wort
słuchać hören *(Musik)*
służbowy geschäftlich
słyszeć hören
smak Geschmack
smakować schmecken
smoczek Schnuller
smutny traurig
sobota Samstag
sok Saft
sól Salz
sos Soße
spacer Spaziergang
spać schlafen
spać pod namiotem zelten
specjalność Spezialität
spirala przeciw komarom Moskitospirale
spleśniały schimmelig
spódnica Rock
spodnie Hose
spokój Ruhe
spokojny ruhig
sposób Art *(Weise)*
spotkać się sich treffen
spotkanie Verabredung

spóźnienie Verspätung
spożywać/spożyć genießen *(verzehren)*
sprawdzać/sprawdzić prüfen
spray przeciw insektom Insektenspray
spróbować probieren *(versuchen)*
sprzątanie końcowe Endreinigung
sprzedawać/sprzedać verkaufen
sprzedawca Verkäufer
sprzedawczyni Verkäuferin
srebro Silber
stacja benzynowa Tankstelle
stacja końcowa Endstation
stan Zustand
stanu wolnego ledig
stare miasto Altstadt
stary alt
statek Schiff
statyw Stativ
stolica Hauptstadt
stół Tisch
stopa Fuß
stopień Grad
strach Angst, Furcht
strajk Streik
straż pożarna Feuerwehr
strefa dla pieszych Fußgängerzone
strój kąpielowy Badeanzug
stromy steil
studiować studieren
studnia Brunnen
stulecie Jahrhundert
styczeń Januar
sucho trocken
suknia Kleid
suma Betrag; Summe
surowy roh
suszarka do włosów Föhn
sweter Pullover
Sylwester Silvester
sympatyczny sympathisch
syn Sohn
system nawigacyjny Navigationssystem
syty satt
szafa Schrank
szal Schal
szampon Shampoo

szatnia Garderobe; Umkleidekabine
szczęście Glück
szczoteczka do zębów Zahnbürste
szczupły schlank
szczyt sezonu Hauptsaison
szczyt Gipfel
szef Chef
szefowa Chefin
szeroki breit
szklanka Glas
szkoda Schaden
szkoła Schule
szlak turystyczny Wanderweg
sznur na bieliznę Wäscheleine
szosa Landstraße
szpital Krankenhaus
sztorm Sturm
sztućce *pl* Besteck
sztuka Kunst
szukać suchen
Szwajcar Schweizer
Szwajcarka Schweizerin
szybko schnell
szyld Schild

Ś

ściana Wand
ścierka do naczyń Geschirrtuch
ślepa uliczka Sackgasse
śliwka Pflaume
śmiać się lachen
śmieci *pl* Müll
śmierć *f* Tod
śmietana Sahne
śniadanie Frühstück
śnieg Schnee
śpiewać singen
śpiwór Schlafsack
środa Mittwoch
środek Mittel; Mitte
środek dezynfekujący Desinfektionsmittel
środek do czyszczenia Putzmittel
środek do prania Waschmittel
środek przeciw komarom Mückenschutz
środek przeciwbólowy Schmerzmittel
śródmieście Innenstadt
świat Welt

światła Ampel
światło Licht
świeczki *pl* Kerzen
świeży frisch
święto Feiertag
świnia Schwein

T

tabaka Tabak
tak ja
taksówka Taxi
talerz Teller
tam dort
tańczyć tanzen
tani billig
taras Terrasse
targ Markt
targi Messe *(Handelsmesse)*
teatr Theater
technika Technik
telefon komórkowy Handy
telefonować telefonieren
telewizor Fernseher
temperatura Temperatur
tenis stołowy Tischtennis
tenisówki Turnschuhe
teraz jetzt
tłumacz(ka) Dolmetscher(in)
tłumaczenie Übersetzung
(prze)tłumaczyć übersetzen
tłusty fett
to samo dasselbe
toaleta Toilette; WC
tor Gleis
torba Tasche
torba podróżna Reisetasche
torebka Handtasche; Tasche; Tüte
tradycja Tradition
tramwaj Straßenbahn
trawa Gras
trójkąt ostrzegawczy Warndreieck
trud Mühe
trudny schwierig
trujący giftig
truskawki Erdbeeren
trwanie Dauer
trzymać halten
tuńczyk Thunfisch
turkusowy türkis
tutaj hier

twardy hart
twarz Gesicht
ty du
tydzień Woche
tygodniowy wöchentlich
tylko nur
tymczasowy vorläufig
typowy typisch

U

ubezpieczenie Versicherung
ucho Ohr
(na)uczyć się lernen
ukłucie Stich
ulica Straße
ulica jednokierunkowa Einbahnstraße
umieć können *(vermögen)*
umowa Vertrag
umywalka Waschbecken
upał Hitze
uprzejmy freundlich
urlop Urlaub
uroczystość Fest
urodziny Geburtstag
usta Mund
usunąć löschen
uszkodzony beschädigt
używać/użyć benutzen

W

w *(wohin?+akk)/(wo?+lok)* in
w ciąży schwanger
w nocy nachts
w południe mittags
w tyle hinten
wagon restauracyjny Speisewagen
wagon sypialny Schlafwagen
walizka Koffer
waluta Währung
wanna Badewanne
warsztat Werkstatt
wartościowy wertvoll
wartość *f* Wert
warunek Bedingung
warzywa Gemüse
wata Watte
ważny gültig; wichtig
wąski schmal
wąwóz Schlucht
wcześnie früh
wczoraj gestern

weganin Veganer
weganka Veganerin
wegański vegan
wegetarianin Vegetarier
wegetariański vegetarisch
wejście Eingang
wełna Wolle
wentylator Ventilator
wesoły lustig
weterynarz Tierarzt
wewnątrz drinnen; innerhalb
wędrować wandern
wiadomość *f* Nachricht
wiadro Eimer
wiatr Wind
widelec Gabel
widok Aussicht
widokówka Ansichtskarte
widzieć sehen
wieczór Abend
wieczorem abends
wiedzieć wissen
wiek Alter
Wielkanoc Ostern
wielkość Größe *(Person)*
wieprzowina Schweinefleisch
wierzyć glauben
wieś Dorf
wieszak Kleiderbügel
wieża Turm
więcej mehr *(quantitativ)*
wilgotny feucht
wilk Wolf
winda Aufzug; Fahrstuhl
wino Wein
wino białe Weißwein
wino czerwone Rotwein
winogrona Weintrauben
wioska Dorf
wiosna Frühling
wjazd Einfahrt
wkrótce bald
wliczony inbegriffen
właściciel Besitzer
wnuczka Enkelin
wnuk Enkel
woda Wasser
woda mineralna Mineralwasser
woda pitna Trinkwasser
wolny frei
wołowina Rindfleisch
wózek dziecięcy Kinderwagen

wózek inwalidzki Rollstuhl
wracać/wrócić zurückkommen
wrzesień September
wschód słońca Sonnenaufgang
wschód Osten
wsiadać/wsiąść einsteigen
wskaźnik Lichtschutzfaktor
wspaniały toll
wspólnie gemeinsam
wśród inmitten
wstawać/wstać aufstehen
wstęp Eintritt
wszyscy alle
wszystko alles
wtorek Dienstag
wujek Onkel
wybierać/wybrać (aus-)wählen
wybrzeże Küste
wychodzić/wyjść ausgehen; hinausgehen
wycieczka Ausflug; Tour
wygodny bequem
wygrać gewinnen
wyjaśniać/wyjaśnić erklären
wyjaśnienie Erklärung
wyjątek Ausnahme
wyjeżdżać/wyjechać verreisen
wyjście Ausgang
wyjście awaryjne Notausgang
wyłącznik Schalter *(elektrisch)*
wymieniać/wymienić auswechseln; tauschen; umtauschen; wechseln *(Geld)*
wynajem Verleih
wynajmować/wynająć mieten; vermieten
wypadek Unfall
wypełniać/wypełnić ausfüllen *(Formular)*
wypożyczać/wypożyczyć ausleihen
wypożyczalnia łodzi Bootsverleih
wyprzedane ausverkauft
wyprzedaż Ausverkauf
wyprzedaż sezonowa Schlussverkauf

wysiadać/wysiąść aussteigen
wysoki hoch
wysokość Höhe
wyspa Insel
wystawa Ausstellung; Schaufenster
wysyłać/wysłać schicken

Z

z *(+instr)* mit
z góry im Voraus
z powrotem zurück
za *(+instr)* hinter
za darmo gratis; umsonst
za dużo zu viel
za mało zu wenig
za to dafür
za tym dafür *(pro)*
zabawki Spielzeug
zabierać/zabrać ze sobą mitnehmen
zaburzenia krążenia krwi Kreislaufstörungen
zabytki Sehenswürdigkeiten
zachód Westen
zachód słońca Sonnenuntergang
zadowolony zufrieden
zając Hase
zajęty besetzt
zakaz parkowania Parkverbot
zakazany verboten
zakaźny ansteckend
zakąska Vorspeise
zakłócenie Störung
zakończyć beenden
zakręt Kurve
zaliczka Anzahlung
założenie Voraussetzung
zamek Schloss
zameldowanie Anmeldung
zamiast anstatt; statt
zamknięty geschlossen
zamówić bestellen
zamówienie Bestellung
zamykać/zamknąć schließen
zapach Geruch; Duft
zapalenie Entzündung
zapalniczka Feuerzeug

zapałki Streichhölzer
zapamiętać speichern
zapisywać/zapisać aufschreiben
zapłata Bezahlung
zapominać/zapomnieć vergessen
zaproszenie Einladung
zarabiać/zarobić verdienen
zaraz gleich *(sogleich)*
zarezerwowany reserviert
zaręczony zaręczona verlobt
zatrzymać halten *(anhalten)*
zauważać/zauważyć merken
zawiadamiać/zawiadomić benachrichtigen
zawód Beruf
zawsze immer
ząb Zahn
zbierać/zebrać sammeln
zdanie Meinung; Satz
zderzenie Zusammenstoß
zdenerwowany aufgeregt; verärgert
zdjęcie Bild; Foto
zdrowy gesund
zegar Uhr
zegarek (na rękę) Uhr *(Armbanduhr)*
zepsuty kaputt
zewnątrz außen
zezwalać/zezwolić erlauben
zgłoszenie Voranmeldung
zielony grün
ziemia Erde
ziemniaki Kartoffeln
zima Winter
zimny kalt
zioła Kräuter
złamany gebrochen
złoto Gold
zły schlecht
zmęczony müde
zmiana Änderung
zmieniać/zmienić wechseln *(ersetzen)*
zmierzch Dämmerung *(abends)*
znaczek Briefmarke
znaczyć heißen *(bedeuten)*
znać kennen
znajoma Bekannte

znajomy Bekannter
znaleźć finden
znany bekannt
zniżka Rabatt; Ermäßigung
znowu wieder
zoo Zoo
zostawać/zostać werden
zupa Suppe
związek Verein; Beziehung
zwiedzanie Besichtigung
zwiedzanie miasta autokarem Stadtrundfahrt
zwierzę *n* Tier
zwierzę domowe Haustier
zwracać/zwrócić zurückgeben; rückerstatten
zwrot Rückgabe
zwykły üblich

Ź

źle *adv* schlecht; schlimm
źródło Quelle

Ż

żaglówka Segelboot
żarówka Glühbirne
żart Spaß *(Scherz)*
żeglować segeln
żel pod prysznic Duschgel
żelazko Bügeleisen
żółty gelb
żona Ehefrau
żonaty *m* verheiratet
życzenie Wunsch
żyć leben

Die Zahlen

0 .... **zero** séro
1 .... **jeden** jéden
2 .... **dwa** dwa
3 .... **trzy** tschi
4 .... **cztery** tschtéri
5 .... **pięć** pjentsch
6 .... **sześć** scheschtsch
7 .... **siedem** schjédem
8 .... **osiem** óschjem
9 .... **dziewięć** dschjéwjentsch
10 .... **dziesięć** dschjéschjentsch
11 .... **jedenaście** jedenáschtschje
12 .... **dwanaście** dwanáschtschje
13 .... **trzynaście** tschináschtschje
14 .... **czternaście** tschternáschtschje
15 .... **piętnaście** pjentnáschtschje
16 .... **szesnaście** scheßnáschtschje
17 .... **siedemnaście** schjedemnáschtschje
18 .... **osiemnaście** oschjemnáschtschje
19 .... **dziewiętnaście** dschjewjentnáschtschje
20 .... **dwadzieścia** dwadschjéschtschja
21 .... **dwadzieścia jeden** dwadschjéschtschja jéden
22 .... **dwadzieścia dwa** dwadschjéschtschja dwa
23 .... **dwadzieścia trzy** dwadschjéschtschja tschi
24 .... **dwadzieścia cztery** dwadschjéschtschja tschtéri
30 .... **trzydzieści** tschidschjéschtschi
31 .... **trzydzieści jeden** tschidschjéschtschi jéden